TNT
SEU PODER INTERIOR

Título original: *TNT The Power Within You*

TNT Seu poder interior
1ª edição: Agosto 2024

Autores:
Claude Bristol e Harold Sherman

Tradução:
Caio Pereira

Preparação de texto:
Karina Gercke

Revisão:
Debora Capella
Rebeca Michelotti

Projeto gráfico:
Luisa Tavares

Capa:
Dimitry Uziel

DADOS INTERNACIONAIS DE CATALOGAÇÃO NA PUBLICAÇÃO (CIP)

Bristol, Claude
TNT : seu poder interior : como liberar a força que existe em você para conseguir aquilo que quiser / Claude Bristol, Harold Sherman ; tradução de Caio Pereira. — Porto Alegre : Citadel, 2024.
272 p.

ISBN 978-65-5047-509-3
Título original: The power within you

1. Autoajuda I. Título II. Sherman, Harold III. Pereira, Caio

24-3597 CDD 158.1

Angélica Ilacqua - Bibliotecária - CRB-8/7057

Produção editorial e distribuição:

CITADEL Grupo Editorial
contato@citadel.com.br
www.citadel.com.br

CLAUDE BRISTOL
HAROLD SHERMAN

TNT
SEU PODER INTERIOR

COMO LIBERAR A FORÇA QUE EXISTE EM VOCÊ
PARA CONSEGUIR AQUILO QUE QUISER

Tradução:
Caio Pereira

TEMPORALIS
2024

SU
MÁ
RIO

CAPÍTULO 1

ESSE "ALGO", DENTRO DE VOCÊ, CHAMADO TNT

Para aqueles que buscam aprender e progredir, eu apresento, gentilmente, esta mensagem. Faço isso sem o menor medo, mas é algo que vai virar seu mundo de cabeça para baixo – trazendo saúde, riqueza, sucesso e felicidade, contanto que você entenda e aceite.

Lembre-se de que o TNT é um explosivo muito perigoso; portanto, quando você o tiver em mãos, manuseie com cuidado. Ao longo dos séculos, o poder do TNT destruiu aqueles que buscavam usá-lo para os fins errados. Então, tenha muito cuidado para que seja usado apenas para o bem.

Essa força pode ser comprovada pelos ensinamentos da Bíblia, por certas leis da física muito bem estabelecidas, e, por último, mas não menos importante, pelo senso comum mais básico. Leia e defina por si mesmo se as provas que eu ofereço têm fundamento.

Alguns talvez enxerguem apenas o lado espiritual, outros talvez reconheçam as verdades científicas, e outros ainda podem vir a aceitá-lo apenas como uma ferramenta prática para o caminho do sucesso. Não importa: muitos já sabem a verdade, e, para aqueles que abrirem a mente, a luz entrará com um brilho límpido e estonteante.

Tenho uma dívida eterna com um antigo amigo, um especialista em raios X e aparelhos elétricos de alta frequência, que, quando eu era apenas um rapaz que fazia experimentos com eletricidade, chamou minha atenção para a primeira pequena porção de TNT que eu tinha no bolso. Na época, eu não sabia do que se tratava, e não entendia, mas, felizmente, permaneceu ali ao longo dos anos.

Pensando nessa época, eu compreendo por que ele não me forçou a entender o que era aquilo. Ele acreditava em mim, e sabia que, quando estivesse pronto para aceitar, eu aceitaria. Isso levou quase trinta anos, tempo durante o qual eu fui daqui para lá, procurando, buscando e pesquisando, querendo encontrar esse "algo" – o segredo – o TNT.

O tempo todo eu tinha um pouco dele no bolso; era meu, bastava pegar. Entretanto, agora eu o seguro firme nas mãos, e dividirei de bom grado, sabendo que, se for usado com sabedoria, ele destruirá todos os obstáculos e alinhará o caminho que você sonhou seguir a vida toda.

POR QUE VOCÊ ESTÁ ESTAGNADO?

Por muitos anos eu trabalhei em jornal, ficava só nos bastidores. Conheci homens e mulheres incríveis, entrevistei gente famosa. Naturalmente, eu os estudava e tentava entender quais qualidades peculiares deles os colocavam acima dos outros. Mas o segredo me escapava.

Então começou a Primeira Guerra Mundial, e passei a me perguntar por que os outros progrediam, enquanto eu parecia estagnado nas minhas ambições. A guerra me ensinou, no entanto, que eu podia dormir na lama, comer pão mofado e sobreviver, para poder rir de tudo isso depois. Isso é parte do meu TNT, então se lembre do que eu aprendi. Isso me ajudou a dar um soco no queixo do bom e velho medo, e acredito que ajudará você também.

Na esperança de encontrar a verdadeira estrada para a fortuna, eu li centenas dos famigerados livros sobre o "sucesso", mas eles não me levaram a lugar algum. Fiz o mesmo com livros de filosofia, psicologia, e ainda assim o grande segredo continuava um passo à minha frente. Entrei para organizações fraternas secretas, na esperança de encontrar o que eu buscava. No entanto, assim como a pequena porção de TNT do meu bolso, o segredo estava em cada livro, nas grandes ordens, em todo lugar – na verdade, bem debaixo do meu nariz, mas alguma coisa me impedia de alcançá-lo.

Você terá de determinar para si mesmo o que o impede de alcançá-lo, caso você não o alcance com o TNT. Ele está lá. Se não o encontrar em letra impressa, procure nas entrelinhas – já que fiz o meu melhor para apresentá-lo a você.

VOCÊ TEM MEDO?

Logo após a guerra, eu me tornei membro de um banco de investimentos de ampla atuação pelo litoral, e durante anos alimentei um grande sonho – como fizeram milhares de pessoas, em todos os ramos de negócios –, mas descobri que os castelos de areia que eu tinha construído assentavam-se sobre uma fundação instável.

Aquele acontecimento cataclísmico que virou o mundo de cabeça para baixo financeiramente obliterou totalmente meus castelos de areia, e fiquei com medo. Fiquei perdido na neblina. Para onde eu ia, algo caía em cima de mim.

Como um dos executivos da empresa, minha responsabilidade aumentou. Nossos negócios, graças às mudanças econômicas que estavam ocorrendo no mundo, entraram em crise. Muitas pessoas, não conseguindo entender a catástrofe que se abateu sobre os negócios em todo lugar, criticavam. Tudo isso trouxe preocupação e muitas noites sem dormir. Eu me flagrei com receio de ir trabalhar, temendo que cada dia traria ainda mais tristeza.

Passaram-se semanas, e a situação ficou pior ainda. Fiquei desnorteado. Diversas vezes falei sobre sair da empresa; e, um dia, mais para o final de junho de 1931, resolvi mesmo sair. Mencionei isso a uma das mulheres com quem tinha trabalhado por muitos anos, e não vi nada além de repreensão no rosto dela.

Nessa noite, tentei dormir. Mais uma vez, vi que seria impossível. Fiquei zanzando de um lado para o outro por horas – por volta de 3h30 da manhã, de repente parei e me sentei. Fiquei cara a cara comigo mesmo. Eu podia seguir minha inclinação para fugir e deixar os outros se virando, ou ficar e fazer a minha parte – dever que eu sabia que era meu.

Eu me flagrei dizendo, quase em voz alta: "O certo é o certo. Sempre foi certo. Não pode ser de outro jeito". Aprendi isso quando era criança.

Subitamente, pareceu que houve um desdobramento!

DO NADA!

Do nada, veio uma voz que disse: "O que você andou procurando ao longo de todos esses anos? O que lhe ensinaram? O que você aprendeu? Onde esteve? Aonde você vai?".

Eu fiquei de pé num pulo e disse: "Já sei. Entendi tudo. Esse é o segredo. Foi isso que tentaram me ensinar. Esse é o Segredo Real, a ferramenta".

Alguma coisa me dizia que eu encontraria essas mesmas palavras num livro que me deram muitos anos antes e que eu tinha tentado ler, não consegui entender e tive que deixar de lado. O livro foi escrito por um grande homem, Albert Pike, místico, poeta e estudioso. Peguei o livro na estante e folheei as páginas com empolgação. As palavras estavam ali, e eu as entendi no mesmo momento.

ABRA A SUA MENTE!

Agora, eu tinha a chave. Eu podia ver uma estrada plana e larga, e no fim dessa estrada, um manto de luz linda, maravilhosa: "Essa é a estrada em que você está neste momento. Que ingênuo você foi até agora! Tentaram ensiná-lo, tentaram ajudá-lo, e você manteve a cabeça fechada – achando que, sozinho, conseguiria encontrar a estrada e ficar nela".

Quase fui dominado pela alegria pura disso tudo. Meus medos, minhas preocupações tinham desaparecido. Eu sorri. Sabia que estava certo e que tudo ficaria bem dali em diante. Dormi como um bebê.

Havia uma atmosfera diferente no escritório nesse dia. As nuvens escuras opressoras que pairavam acima de nós começaram a esvanecer. Eu contei à mulher – aquela, do olhar de repreensão – o que tinha acontecido, e ela sorriu, compreensiva. Ela me ajudou a voltar ao caminho, e jamais poderei recompensá-la.

Como um sábio homem disse: "Todos nós nascemos com a capacidade de diferenciar o certo do errado, e com a habilidade de realizar, mas alguns de nós têm de dar com a cara na parede, quebrar-se em pedacinhos, antes de entender realmente como são as coisas".

Eu dei de cara com a parede, numa colisão terrível, e foi a melhor coisa, a melhor coisa que me aconteceu na vida.

Muitos, notando a transformação, pediram uma explicação. Contei tudo aos meus amigos mais próximos. Sabendo que vai ajudar, passo tudo isso para vocês.

TOC-TOC-TOC!

Pegue um pouco por vez. Como uma gotinha de água, o TNT fará você se livrar de medos, dúvidas e preconceitos antigos, abrindo espaço para novas ideias, novos conceitos, novas verdades.

Toc-toc-toc! Isso é a oportunidade batendo à porta da sua mente. Abra sua mente e deixe o conhecimento entrar.

Desde o dia em que resolvi passar adiante essa carga de TNT para os outros, ela vem sendo colocada em uso por milhares de indivíduos, companhias e organizações. Além disso, eu falei e palestrei, pessoalmente e pelo rádio, para muitos outros milhares, e fico muito feliz em dizer que, sem exceção, resultados fenomenais foram obtidos por aqueles que entenderam e aplicaram os princípios e mecanismos delineados aqui.

TOC-TOC-TOC

Você pode pegar um pouco por vez, ou pode levar um pouco de tempo para preparar sua mente para que a força que você sempre teve possa trabalhar através de você. Mas não trabalhe tão arduamente, não tente forçar isso. Fique tranquilo, a força está lá, e você pode aprender a usá-la.

Na época em que veio o meu despertar, o moral da nossa empresa estava em sua maré mais baixa. Todos estavam desencorajados. Com medo. Pela necessidade das coisas, nós tínhamos de dar meia-volta.

O CERTO É O CERTO

Meu trabalho era fazer tudo que eu podia para ajudar o próximo, porque eu sabia que isso era o certo. Inicialmente, fiquei perplexo quanto aos métodos que eu deveria empregar para ajudar os outros, mas usei um sistema meu, convocando o subconsciente, e minha voz interior me disse que eu devia conversar com eles.

Alguns tinham suas dúvidas, mas eu disse a mim mesmo: "Eu posso provar que estou certo!". Durante aquela semana, passei o tempo todo revendo os livros que eu tinha estudado ao longo dos anos. Naturalmente, a Bíblia vinha em primeiro lugar; em seguida, vinham os estudos iogues, as filosofias dos mestres antigos gregos e romanos, e dos professores e alunos mais recentes. Mais uma vez, deliberei acerca das *Meditações* de Marco Aurélio, reli *A lei dos fenômenos psíquicos*, de Thomson Jay Hudson, e outro livro, *The Gist of It* (A essência), escrito por um médico brilhante, Haydon Rochester. Mais uma vez, estudei meus livros de física, eletricidade, e aqueles sobre a vibração da luz, e descobri que não somente eu estava certo, como sabia que estava, mas também que, por mais incrível que parecesse, os mesmos princípios básicos gerais estavam contidos em todos eles. Reli diversos livros de psicologia, e encontrei a mesma história em todos. Posteriormente, fiz algumas citações, e dito e feito: as coisas começaram a avançar!

QUAL É O SEU NICHO?

Olhando ao redor, fiz a constatação significativa de que os homens e as mulheres que usam essa força são *showmen*, ou, usando as palavras da minha época de jornal, a atração principal, aqueles que aparecem na primeira página. Alguma coisa os faz jogar fora o cesto sob o qual escondem a cabeça, e eles superam o lugar-comum.

Não que você precise, algum dia, querer se tornar a atração principal, nesse sentido, mas você tem de concordar que essas pessoas que desenvolveram a força interior até o mais alto grau se tornaram a atração principal, ou jamais teriam conseguido o lugar delas na calçada da fama. Não ocorre de serem todos ávidos por publicidade, pois alguns deles são muito reticentes – e é possivelmente por causa dessa reticência que são *showmen*. (Pense em Greta Garbo!) Outros adotam certas peculiaridades ou usam certos aparatos para se destacarem dos demais. Alguns usam um sorriso eficaz (Dwight D. Eisenhower, por exemplo!), outros fazem careta (John L. Lewis!), alguns chamam atenção disparando farpas críticas em pessoas e hábitos (George Bernard Shaw!), e outros, ainda, têm certo charme na postura (Eleanor Roosevelt). Cabelos longos (muitos músicos e maestros, como Leopold Stokowski), bigodes e costeletas (os Irmãos Smith!), monóculos (Charles Coburn) fazem sua parte. Robes esvoaçantes e vestidos especiais são usados por outros (Mark Twain e seus famosos ternos brancos!). O charme da atração principal de alguns é evidenciado por gravatas vermelhas; de outros, por polainas, gestos afetados; e de alguns até pelo número de casamentos e divórcios (como Tommy Manville!).

O mundo repara no que não é ortodoxo e convencional, nos indivíduos desinibidos, e a maioria das atrações principais se enquadra nessas classificações. Eles são diferentes em uma ou mais particularidades. Alguns deliberadamente exibem e dramatizam suas diferenças. Outros não se preocupam com o que as pessoas pensam deles. Estão ocupados demais sendo quem são e vivendo como querem, fazendo uso correto ou não do poder do TNT.

Muitos dominam a arte da oratória, a ciência da guerra, a bancária, o estadismo, a política, as artes, mas todos se destacam sob o foco amplo dos holofotes – como atrações principais.

O número é enorme. Menciono alguns: Demóstenes, Nero, Júlio César, Cristóvão Colombo, Galileu, Cleópatra, Balzac, de Maupassant, Isaac Newton, Joana d'Arc, Cromwell, Edgar Allan Poe, Benjamin Franklin, Alexander Hamilton, Bismarck, Alexander Graham Bell, General Grant, Abraham Lincoln, Cecil Rhodes, P. T. Barnum, Clemenceau, Lord Kitchener, Woodrow Wilson, Thomas Lipton, Mussolini, Hitler, Winston Churchill, Joseph Stalin, Lenin, Franklin D. Roosevelt, Charles E. Hughes, Lloyd George, Mahatma Gandhi, Will Rogers, Douglas Fairbanks, Henry Ford, Thomas Edison, John Burroughs, Charles Lindbergh, Alfred E. Smith, Jane Addams, George Washington Carver, Al Jolson, Eleanor Roosevelt, Marion Anderson, Ralph Bunche, Harry Truman, Jawaharlal Nehru, Andrew Carnegie,

Dwight D. Eisenhower, Ezio Pinza, Bernard Baruch, Jimmy Stewart, Jane Froman, Cecil B. DeMille, Albert Einstein e Dr. Albert Schweitzer.

Dá para continuar citando, cada nome trazendo à mente uma personalidade, viva ou falecida, que foi única em expressão e realização. Esses indivíduos foram e são encontrados em todas as áreas da vida. Sempre será assim, visto que seu uso da força interior os eleva para o topo em sua profissão ou empreitada.

Você notará a inclusão de nomes como Nero, Júlio César, Mussolini, Hitler, Stalin e Lenin nessa lista. Todos eles foram brilhantes a seu modo e obtiveram sua posição de grande poder usando essa "coisa" interior – mas levaram a humanidade ao chão ao fazê-lo. Ao avaliá-los, a história deve pesar o mal que fizeram, em comparação com o bem. Você pode se tornar a atração principal usando essa força interior do jeito certo tanto quanto do jeito errado. É por isso que ela é tão maravilhosa e tão perigosa ao mesmo tempo. É por isso que você deve aprender a controlá-la, de um jeito que seja útil para você e para os outros e – se você se tornar uma atração principal –, para o mundo.

Gandhi usou essa força, tenho certeza, e acho que talvez ele tenha sido a maior atração principal dos tempos modernos. Podemos encontrar muitas fotos que o mostram usando os trajes civilizados do homem de hoje, mas em seus últimos anos ele mantinha o cabelo bem curto, usava apenas uma espécie de tanga, dhoti[1] e óculos de aros largos. Não tenho o direito de dizer que Gandhi usava indumentária impactante e artesanal por algum motivo específico, mas acredito que o fazia por saber que sua aparência ajudava a focar a atenção do mundo nele, em prol da causa da Índia.

---

1. Dhoti é um tipo de vestimenta usado por vários homens na Índia, no Paquistão, em Bangladesh e no Nepal. É um pedaço retangular de pano sem costura, com cerca de 4,5 metros de comprimento, que cobre as pernas e é amarrado na cintura, semelhante a uma longa saia.

Nem tento explicar por que as pessoas que usam essa força são *showmen*. Mas você vai notar, ao começar a exercer essa força na sua vida, que isso o fará se destacar entre seus amigos e entes queridos. Eles detectarão imediatamente uma mudança em você, no jeito como se expressa, no jeito como age. Não significa que você vai ficar se mostrando ou tentando chamar atenção. Só significa que está começando, pela primeira vez, talvez, a realmente ser você mesmo, a tirar vantagem das oportunidades que têm a ver com você, a se libertar das ideias e limitações ocultas antigas, e a reivindicar aquilo que é seu por direito – que você podia ter obtido muito tempo antes se entendesse como liberar o poder do TNT na sua vida.

Lembre-se de que não tem como você ser uma florzinha modesta e ganhar algum reconhecimento ou respeito para si neste mundo.

"Uma cidade que se localiza no topo de um morro não tem como se esconder. As pessoas não acendem uma vela para colocá-la debaixo de um balde."

E mais: "As grandes verdades da vida são conhecidas apenas por aqueles que estão preparados para aceitá-las".

Milhares que usaram o poder interior para o mal causaram a própria destruição. Avalie toda a história, e você poderá identificar esses homens e essas mulheres por si mesmo.

Nós ganhamos, na vida, exatamente aquilo que colocamos nela – nada mais, nada menos. Isso é um truísmo antigo, mas não me canso de enfatizá-lo. Quando entregamos bons pensamentos, esforços construtivos e fazemos o bem, nós recebemos o mesmo em retorno, pois "Aquilo que o homem planta, ele também há de colher". O que é esse "algo" – o TNT que sacode a terra? A força dentro de todo e qualquer indivíduo que deve ser usada para obter alguma coisa na vida.

Você já descobriu o que é? É você, seu eu verdadeiro, a força escondida da sua mente, liberada sob controle proposital, e direcionada para servi-lo em qualquer experiência, na remoção de qualquer obstáculo e na superação de qualquer condição – econômica, física, mental ou espiritual.

IMAGINE A FORÇA!

É a força explosiva de uma imagem mental do que você deseja na vida, entregue por você mesmo para o seu subconsciente, tocado pela fé em si mesmo e em Deus.

Qualquer coisa que você imagina, dentro do razoável, pode se tornar realidade na sua vida se você tiver fé suficiente na força interior!

Isso é o seu TNT – uma imagem mental do que você deseja e a fé de que você pode e vai conseguir!

É simples assim: tão simples que milhões de homens e mulheres não acreditarão, não vão dedicar seu tempo para aprender sobre essa força, preferem continuar dando cabeçada em paredes de pedra, cegos porque querem, ignorantes e teimosos, e continuam criando todo tipo de tristeza, perda econômica e problema de saúde para si mesmos através do pensamento incorreto.

Lembre-se de que eu zanzei por aí, por trinta anos, com um pouco de TNT no bolso. Bastaria pegá-lo e ter em mãos uma força que poderia ter me poupado de muitas tristezas. Mas eu sabia mais do que os homens e mulheres felizes e bem-sucedidos ao meu redor que estavam usando essa força e me convidando para partilhá-la. Eu achava que podia fazer tudo sozinho, que o sucesso desse negócio era mais uma questão de sorte, que não dá para depender de fé ou da força de Deus. Fui exposto a essa verdade, muitas e muitas vezes, mas ela não pegava. Eu tinha sido vacinado pela minha atitude cética e zombeteira.

Vamos torcer para que você não fique tão cansado da vida e desanimado e desesperado quanto eu estava antes de esvaziar os bolsos da sua mente e encontrar o TNT que está ali, esperando você.

Como é? Está dizendo que você já se deparou com um detonador? Ótimo! Prepare-o. Espalhe placas de perigo. Proceda com cautela e prepare-se para a primeira explosão na sua consciência, que vai jogar longe seu pensamento incorreto e abrir um novo caminho que mudará o curso de toda a sua vida – para melhor!

CAPÍTULO 2

O QUE ESSE "ALGO" FEZ PELOS OUTROS

Nada neste mundo é tão poderoso
quanto uma ideia cuja hora chegou.

VICTOR HUGO

Chegou a hora de a maior ideia do mundo tomar posse da sua consciência. É uma ideia simples, mas, quando abrir sua mente e a deixar entrar, você nunca mais será o mesmo. Como TNT, ela sacudirá a terra ao seu redor e aos seus pés. Vai chacoalhar você até o mais básico do seu ser. Destruirá conceitos falsos antigos e os substituirá por novos. No fim, vai remover o medo e a preocupação da sua vida. Vai libertá-lo de tensões nervosas crônicas, tirar esse frio da barriga, restaurar sua autoconfiança, dar-lhe uma atitude mais positiva e permitir que você enfrente coisas das quais vem fugindo há anos.

Todos os grandes homens e mulheres bem-sucedidos deste mundo usaram essa ideia. Foi a ideia dominante na vida deles. Sem ela, jamais poderiam ter sido grandiosos, do jeito deles, nem bem-sucedidos.

Que ideia é essa?

É a compreensão de que o que você imagina na sua mente, se você imaginar com clareza e confiança e persistência suficiente, vai acabar virando realidade na sua vida.

Isso mesmo! Claro que há mais detalhes nessa história. Mas resumindo tudo à essência, sábios disseram tudo com a seguinte afirmação: "Como uma pessoa pensa, na mente e no coração, assim ela é".

Entende? "Como uma pessoa pensa, na mente e no coração, assim ela é!"

Quando me ocorreu pela primeira vez, essa ideia me acertou em cheio. Foi um golpe daqueles, porque eu vinha culpando os colegas, as circunstâncias fora do controle, pela bagunça na qual eu me encontrava. Eu só sabia que não tinha sido responsável por todas as experiências infelizes pelas quais tinha passado. Bom, fato é que fingir que nada daquilo era culpa minha me ajudou a passar por muito sofrimento. Porém, lá no fundo, acho que finalmente eu havia começado a entender que o jeito como eu pensava sobre as coisas tinha certa conexão com o que estava acontecendo comigo.

Se eu acordava de manhã deprimido e convencido de que aquele seria um dia ruim, quase sempre o dia acabava sendo ruim mesmo. No começo, achei que eu era meio "sensitivo", que podia pressentir de antemão o que ia acontecer. Levou muito tempo, e tive que ser castigado muitas vezes, desnecessariamente, até eu perceber que existe uma lei universal no reino mental, "semelhante atrai semelhante", e que eu vinha criando o que acontecia comigo através do pensamento incorreto.

Olhando ao redor, eu via homens e mulheres felizes para quem coisas felizes aconteciam. Eles acordavam de manhã esperando que coisas felizes aconteceriam com eles – e era o que acontecia!

Às vezes, essas pessoas felizes passavam por experiências infelizes, mas eu reparei que elas não deixavam que essas experiências as pusessem para baixo. Elas se levantavam, no dia seguinte, esperando que mais coisas boas acontecessem, e, dito e feito, mais coisas boas aconteciam com elas.

Antes de eu ter meu despertar, isso sempre me deixou maravilhado. Eu tinha até inveja. Por que uma atitude mental diferente fazia tanta diferença?

Eu não sabia que existe uma poderosa força no mundo que os cientistas chamam de eletromagnetismo. Não sabia que tudo no Universo é eletromagnético em natureza, que as leis de atração e repulsão operam de modo eletromagnético; que, quando assume uma atitude mental positiva ou negativa, você obtém resultados positivos ou negativos; que não existem acidentes na vida – tudo acontece em concordância direta com as leis de causa e efeito.

Leia e releia o parágrafo anterior. Deixe que esses fatos entrem em sua mente até que você não os esqueça mais – pois eles têm o poder de mudar sua vida.

Não há novidade alguma no que estou lhe contando, a não ser pelo fato de ser novo para você. Essa mensagem foi escrita e transmitida milhares de vezes. Está contida na Bíblia; você a encontra nas grandes ordens fraternas; ela guiou os Três Reis Magos; os soldados nas Cruzadas a carregavam; todo personagem excepcional da história a usou. Moisés, Alexandre, o Grande, Napoleão, Shakespeare, Washington, Lincoln e muitos outros tinham conhecimento desse "algo".

As pessoas mais sábias de cada época, curandeiros, líderes religiosos, grandes professores, os sacerdotes maias, os iogues, homens dos milagres – todos eles conheciam esse segredo. Alguns o usavam de um jeito; outros, de maneira diferente.

Eles imaginavam, na mente e no coração, aquilo que queriam – e o que imaginavam acabava virando realidade.

Moisés imaginou guiar seu povo até a Terra Prometida; Alexandre, o Grande, e Napoleão imaginaram grandes conquistas; Shakespeare imaginou a criação de seus textos imortais; Washington imaginou conquistar a independência das treze colônias; Lincoln imaginou a libertação dos escravos e a preservação da União; Benjamin Franklin imaginou capturar um relâmpago através de uma pipa, como meio de provar que a eletricidade e o relâmpago são a mesma força; Edison imaginou a luz elétrica, o cinema, o fonograma, o trem elétrico e inúmeras grandes invenções; Steinmetz imaginou novos usos para a energia elétrica; Barnum imaginou "o maior espetáculo da Terra", um circo que viajaria o mundo todo de trem; Roosevelt imaginou liderar seu país para sair da pior depressão.

Essas foram imagens extraordinárias pensadas por pessoas grandiosas e inspiradas, e todas elas, mentalizadas com determinação e convertidas em ação, foram levadas à realização com a fé, a energia, a visão e a coragem de cada indivíduo.

Essas pessoas, e muitas outras, como elas, eram apenas seres humanos, como você. Se elas sabiam disso e conseguiram essas conquistas, você também consegue.

PARE! PENSE! PONDERE!

O que tornou essas pessoas grandiosas? Elas se imaginaram realizando! Elas ousaram imaginar grandes realizações. E a força interior, quando recebeu essas imagens com as quais trabalhar, finalmente as tornou realidade.

Você precisa pensar grande para ser grande. Uma pessoa pequena é composta por pensamentos pequenos. Não há como continuar pequeno e pensar grande.

REFLITA POR UM MOMENTO!

De onde vieram o barco a vapor, a locomotiva, o automóvel, a luz elétrica, a máquina de costura, o rádio, a máquina de escrever e milhões de outros objetos e conveniências? Todos esses eram pensamentos ou imagens na mente de uma pessoa antes de se tornarem realidade. Tudo, neste mundo, exceto aquilo que a natureza criou ou forneceu, é o resultado de pensamento sustentado.

Se tirássemos deste mundo tudo que foi criado apenas pelo pensamento, não sobraria nada além das florestas primitivas. Esse é o jeito mais rápido e prático de lhe dar uma compreensão do que a mente do homem fez.

Quando a verdadeira história da evolução da mente for escrita, ela será a maior, a história mais empolgante de todos os tempos, pois cobrirá todos os tempos e todas as fases da experiência humana.

Essa história contará como o homem precisou de milhares e mais milhares de anos para emergir das profundezas da ignorância, da superstição, do medo, do preconceito, da mitologia e dos conceitos equivocados.

Ela tratará de grandes mentes, como a de Galileu, que, como Copérnico, acreditava que a Terra se move em torno do Sol, e foi forçado pela Inquisição a retirar suas afirmações, bem como proibido de publicar seus livros. Com que vergonha nos lembramos dessas perseguições perpetradas pela Igreja, sobre homens que ousavam buscar a verdade, apesar das doutrinas e dos decretos existentes.

A história da mente humana prestará homenagem a Charles Darwin, cujo estudo profundo de plantas e animais levou a seu famoso livro *A origem das espécies*, que sacudiu o mundo, no qual ele postulou a teoria da evolução. Para crédito da teologia de hoje, o trabalho de Deus na evolução está sendo reconhecido por muitos setores religiosos.

O tempo, em sua marcha majestosa pelas eras, viu a mente desenvolver forças com as quais o ser humano pouco sonhava no começo de sua existência na Terra.

PROVA DE QUE O HOMEM É MAIS DO QUE UM ANIMAL

O fato de o ser humano ser uma criatura capaz de sobreviver por todos esses séculos na luta contra todas as formas de vida, e apesar das desumanidades do próprio homem, é prova de que ele possui forças superiores dentro de si. O ser humano é um verdadeiro deus em desenvolvimento, embora revele, ainda muitas vezes, tendências malignas.

Foi essa força interior que o homem possui, diferentemente de qualquer outra criatura deste planeta, que lhe permitiu avançar até o estado atual de desenvolvimento e consciência.

A força interior elevou o homem para um nível acima de todos os outros animais. Embora provavelmente existam inteligências superiores em outros planetas e em reinos de existência mais elevados, hoje é evidente que o ser humano tem potencialidades ilimitadas para maior desenvolvimento dentro de si. Ele está apenas no jardim de infância de suas oportunidades de evolução e realização, quando aprende a viver em paz e cooperação com o próximo. Ele está, neste momento, aprendendo essa lição dolorosa. Mas creio que ele vai aprender. Tenho fé nessa vasta força interior, maior que o homem, do qual este vem ficando cada vez mais ciente – esse "algo" que pode e, no fim, libertará o homem de medos, ódios e preconceitos – e lhe dará tamanha compreensão de si mesmo que, por sua vez, ele será capaz de entender os outros.

Sempre sabemos quando uma pessoa está usando a força interior na vida. Essas pessoas vivem com a consciência dessa força que está dentro e por trás de cada pensamento e ação. Elas têm postura, autoconfiança, coragem, desinibição e são magnéticas na expressão. Elas sabem aonde vão e como chegar lá. Imaginaram seu futuro e seguem resolutas e convictas para esse futuro. Há algo de espiritual nelas que é contagiante. Tendem a levar os outros consigo, incitam-nos a se despenderem ainda mais, para o bem deles. Essas pessoas são aquelas que planejam e executam as coisas no mundo. A grande massa de seres humanos que não pensa apenas as segue em seu trajeto.

Você lidera o bando ou é apenas um membro do bando? Se apenas segue os outros, você ainda não descobriu aquele "algo" dentro de você. Para ser líder, para poder se destacar do bando, em sua área de trabalho ou interesse ou expressão humana, você precisa saber como usar essa força interior. Isso é absolutamente essencial. Não há como ser alguém sem isso.

A lei da atração apenas lhe trará aquilo que você imagina. A força criativa interior deve ser magnetizada pelo que você imagina que ela tem que fazer.

IMAGINE! IMAGINE! IMAGINE!

Esse é o comando simples que leva à realização. Imagine! Imagine! Imagine! Mas se certifique de que você está imaginando o que realmente deseja, e não imagens de medo e preocupação que farão essa força interior criar coisas que você não quer.

Se Edison, quando estava tentando inventar a lâmpada elétrica, tivesse imaginado o fracasso em vez do sucesso, jamais teria feito dez mil experimentos antes de desenvolver o filamento que conduziria a corrente elétrica e produziria luz. Pense nisso! Edison fracassou 9.999 vezes antes de ter o primeiro sucesso. Mas cada fracasso lhe ensinou o que não daria certo, e através do processo laborioso de eliminação ele finalmente chegou à descoberta de algo que deu certo.

Por quanto tempo você persistiria, diante de um fracasso tão colossal? Dizem que Edison disse assim: "O sucesso é 99% suor e 1% inspiração".

Quando você souber que está trabalhando com a força interior, como fez Edison, sua fé nunca vacilará. Você continuará enfrentando todos os obstáculos e supostos contratempos, com a convicção inabalável de que, no final, terá sucesso.

Às vezes, o fracasso em obter certo objetivo levou inesperadamente, e como uma recompensa maior ainda, para outro. Pense no caso famoso de Colombo. Seus estudos o convenceram de que o mundo era redondo, e ele acreditava que navegando para o Oeste poderia alcançar a China e as Índias. Ele levou cinco anos para conseguir os navios necessários para essa jornada. Mesmo assim, sua tripulação duvidou tanto das ideias dele que fizeram um motim e quase voltaram para casa. Ainda assim, Colombo não perdeu a fé. A força interior o fez seguir em frente, e, quando finalmente avistou algumas ilhas, ele as batizou de Índias Ocidentais. Mesmo tendo feito mais três viagens para a América, Colombo morreu sem perceber que tinha descoberto um novo mundo. A história, no entanto, não registrou Colombo como um fracassado. Nenhum esforço é feito em vão.

O que você imagina se tornará realidade se você imaginar por bastante tempo, com bastante clareza e confiança. Vou repetir muitas dessas afirmações diversas vezes, de maneiras diferentes, pois quero que fiquem impressas, indeléveis, na sua consciência.

Os homens e as mulheres de sucesso do mundo nunca perdem suas imagens de vista. Ficam lembrando a seu poder criativo aquilo que eles desejam na vida, para que sigam atraindo tudo de que precisam para materializar o que imaginaram.

EXEMPLO DO PODER DAS IMAGENS

Irma e Farley O'Brien são um jovem casal que agora vive em North Hollywood, Califórnia, em sua "casa dos sonhos". É exatamente o lar que eles imaginaram, algo que afirmam ter vindo para eles como resultado direto da visualização.

Por meses o casal tentou encontrar a casa certa, procuraram em muitas regiões e empregaram a ajuda de muitos corretores. Eles viram diversas casas bonitas, com belos quintais, mas nenhuma possuía aquele charme incrível, aquele algo a mais de aquecer o coração que eles buscavam num lar que gostariam de comprar.

Finalmente, desanimados em procurar o que queriam pelos métodos rotineiros, Irma e Farley resolveram parar de pesquisar. Eles haviam aprendido um jeito novo de atrair para si aquilo que queriam – um jeito mágico.

Tudo que tinham que fazer era imaginar, juntos, a exata casa, na fé de que essa casa existia em algum lugar e já pertencia a eles.

Irma desenhou a planta da casa. Visualizou a paisagem ao redor, o jardim, as flores, o pátio – tudo. Em seguida, discutiu esses planos com o marido, eles concordaram e ficaram entusiasmados. Tinham pouco dinheiro para investir numa casa como essa, mas acreditavam que os recursos também ficariam disponíveis se imaginassem o que queriam com força e clareza suficiente e fizessem todos os esforços necessários para esse objetivo.

Irma disse a Farley: "Não quero uma casa qualquer. Quero um lar que tenha sido construído por um casal que o ame assim como nós o amaremos no instante em que o virmos. Quero um lugar que tenha uma atmosfera de amor dentro e ao redor. Quero sentir esse amor em cada cômodo, no jardim, entre as flores. Será que existe um lugar como esse?".

"Tenho certeza de que sim", disse Farley. "Tem que existir – ou você não teria esse sentimento por essa casa."

Então, a cada noite, antes de se recolherem, Irma e Farley se imaginavam sendo levados para esse lar, onde quer que estivesse. Eles iam dormir e sonhavam com essa casa, com a expectativa de que seriam levados até ela quando fossem o momento e as condições certas. Deixaram de lado toda a preocupação anterior de que não encontrariam o que procuravam. De algum modo, de algum jeito, sabiam que aquilo que estavam imaginando se materializaria para eles.

Um dia, algumas semanas depois, Irma e Farley estavam na casa de um amigo, e Irma sentiu que devia contar a esse amigo sobre o sonho deles. O amigo ouviu com interesse e disse: "Vocês acabaram de descrever a casa de um amigo meu – um homem chamado Davies, cuja esposa morreu alguns meses atrás, pouco depois de completada a casa dos sonhos deles. O Sr. Davies ainda está morando lá. Ofereceram o dobro do que a casa custou, mas ele disse que não vai vender enquanto não encontrar um casal que a ame tanto quanto ele e a esposa amavam".

"Por favor, nos leve para conhecer essa pessoa", Irma e Farley pediram. Quando chegaram à casa, em North Hollywood, pararam e olharam, incrédulos. "Essa é a casa!", disseram os dois, mesmo antes de passar pela entrada; a casa, o quintal, o jardim, as flores, o pátio... a imagem que criaram tinha ganhado vida.

Ao encontrá-los à porta, já com olhar amoroso pelo lar, o Sr. Davies lhes disse: "Vejo que vocês já gostaram da casa. Fiquem à vontade. Não vou entrar com vocês. Não tenham pressa. Podem ir aonde quiserem. Quando tiverem terminado, estarei esperando".

Por uma hora, Irma e Farley mergulharam na empolgante exploração dos belos arredores. A sensação, para o casal, era de que já tinham se mudado, como se já morassem nessa casa dos sonhos, e talvez realmente morassem, no plano mental, mais elevado.

Mas era a hora de enfrentar a realidade. Estava claro que a casa custaria muito mais do que podiam pagar, que qualquer valor de entrada lhes tomaria todos os recursos. "O que vamos fazer?", Irma disse a Farley. "Encontramos a casa que imaginamos, mas como fazer para comprar?" "Nossa fé nos trouxe até aqui", disse Farley. "Não vamos duvidar de que ela pode nos levar até o final."

Estavam no quintal dos fundos, então voltaram para entrar na casa. Quando assim o fizeram, o Sr. Davies abriu a porta e ficou ali quieto, olhando para o casal. "Oh, é maravilhosa... maravilhosa", exclamaram. "Exatamente o que estávamos querendo! Mas pelo visto está além das nossas possibilidades."

"Talvez não esteja", disse o Sr. Davies. "Andei pedindo uma entrada alta para pessoas para as quais eu não estava interessado em vender. Mas vocês gostaram desta casa tanto quanto eu e a minha esposa. Não sei como, mas posso sentir que ela jamais me perdoaria se eu vendesse nossa linda casa para um casal que não tivesse esse mesmo sentimento profundo que tínhamos por ela. Vocês sabem quanto podem pagar – façam sua proposta."

Foi feito um acordo, e os O'Brien partiram com a certeza de que sua casa dos sonhos se tornaria sua casa na vida real. Ainda assim, a entrada lhes tomaria todos os recursos financeiros que tinham, e não havia dinheiro em vista para concluir a compra. "Será que deixamos nossos sentimentos nos dominarem?", Irma perguntou. "Devíamos mesmo ter assumido um compromisso grande desses?" "Tudo deu tão certo até agora", disse Farley. "Tenho fé de que continuará desse jeito." E foi o que aconteceu! A casa adorável foi comprada e hoje está quitada.

Sim, a força interior sempre funciona quando você já aprendeu a utilizá-la. Ela age de maneiras que não há como imaginar, quando você põe fé nela e faz o que acha certo em qualquer situação. No caso de Irma e Farley, semelhante atraiu semelhante. Eles imaginavam o tipo de casa que o Sr. Davies possuía, e ele imaginava vender essa casa para o tipo de casal que eles eram. Toda essa visualização os atraiu magneticamente por meio do amigo a quem Irma se sentiu impelida a confessar seu desejo, a casa dos sonhos.

Os caminhos através dos quais você pode alcançar seu objetivo são sempre fornecidos de maneira muito similar pela força interior, quando você imagina o que quer, com clareza, confiança e persistência, com fé de que o que você imagina pode e será alcançado. Tudo que é bom e certo para você, na vida, pode ser atraído pelo pensamento correto. O que esse "algo" fez pelos outros pode tão facilmente fazer por você.

Verifique seus pensamentos! Você acredita no que lhe foi dito até agora? Está começando a fazer sentido? Você consegue relembrar sua vida e ver como atraiu coisas boas para si pelo pensamento positivo e coisas ruins pelo pensamento negativo? Se sim, está pronto para aprender o que a força criativa pode fazer por você.

CAPÍTULO 3

O QUE ESSE "ALGO" PODE FAZER POR VOCÊ

Há milhares, até milhões de pessoas em busca do segredo – a chave da saúde, das riquezas, da felicidade, de ficar contente e ter uma solução para os problemas.

Ao longo das eras, muitos homens e mulheres tiveram o segredo, usaram a força; e tenho certeza de que você também pode adquiri-la se pensar enquanto lê, aceitar e aplicar as ideias aqui contidas.

O que você deseja?

Aonde está indo?

Responda essas duas perguntas e você dará à sua vida propósito e direção. Se não souber o que deseja ou aonde está indo, não conseguirá quase nada e não chegará a lugar algum. A pessoa que está desestabilizada na mente fica cercada de condições desestabilizadas.

Nunca se esqueça: semelhante sempre atrai semelhante!

Como você está pensando hoje determina o que você será e onde estará amanhã!

Você já reparou numa pessoa indecisa? Se está diante do volante de um carro, primeiro está numa faixa, depois na outra; ela desacelera para fazer uma curva, depois muda de ideia e acelera; tem cautela demais num minuto e age com imprudência no seguinte; ela não sabe onde está nem por que – e ninguém mais sabe disso também.

Isso não é jeito de chegar a algum lugar ou fazer algo que vale a pena. Se você está desestabilizado, inseguro, indeciso em seus pensamentos e suas ações, isso é um sinal claro de que não tem controle total da sua mente, das suas emoções. É prova de que ainda não foi apresentado a essa força criativa interior que pode transformar sua vida.

Hoje, há uma grande abundância de falas sobre a energia atômica. Talvez você repare que eles sempre comparam o que uma bomba atômica, ou uma bomba de hidrogênio, ou uma bomba de cobalto podem fazer em termos de tantos milhares de toneladas de TNT.

Quando descobri essa força em mim pela primeira vez, a energia que a descrevia melhor era o TNT. Se você tem uma força interior que se equipara ao TNT, não precisa de força maior do que essa para mover as montanhas de medo, dúvida, preocupação, tensão, inferioridade, frustração, ódio, ambição e preconceito que o prendem e pesam sobre seus ombros.

Apenas acenda o pavio, imaginando as coisas certas acontecendo com você. Depois dê um passo para trás e deixe que esse "algo" – a força criativa magnética interior – tome conta.

O que ela pode fazer por você?

Basta pensar em algo – e ela pode fazer! Pense em algo, acredite, imagine, trabalhe nisso, e essa força atrairá tudo que é necessário para alcançar o que você deseja.

Um amigo meu que era gago quando criança queria ser pastor. Ele cresceu ainda querendo ser pastor, mas, quando confidenciava seus desejos para amigos e entes queridos, riam dele ou tentavam desencorajar essa ambição.

"Melhor escolher algo que não exija aparecer em público", recomendavam. "Ninguém nunca vai te ouvir. Ora, você não consegue falar uma frase sequer sem dificuldade, e, quando começa a gaguejar, é embaraçoso. Você leva meio minuto, às vezes, para pronunciar uma palavra."

"Mas eu não tenho que ser assim a vida toda", insistia o homem. "Um dia desses, vou falar tão bem quanto qualquer outra pessoa. Consigo me ver fazendo isso e vou fazer!"

Hoje, esse homem tem uma igreja grande na costa oeste. É um dos pastores mais convincentes e enérgicos que eu já ouvi, e ninguém diria que houve um tempo em que ele teve um problema tão sério na fala. Como ele superou esse obstáculo? Imaginando! Convocando essa força criativa que é um dom de Deus para ajudá-lo.

Ele me contou que costumava sair para o campo e ficar conversando por horas com as galinhas. Imaginava que eram pessoas e que ele se dirigia a elas. Disse: "Parecia que eu as assustava, no começo, e acho que me contorci mesmo várias vezes, tentando falar sem distorções. Às vezes, as galinhas me olhavam com curiosidade, paravam de comer para me olhar, e eu imaginava que estava prendendo a atenção delas com a minha oratória. Às vezes, agiam como se estivessem hipnotizadas, como as galinhas geralmente fazem, e eu fingia que estava lançando feitiços nelas. Aos poucos, obtive cada vez mais controle de mim mesmo, em parte através dessa prática, em parte obtendo um entendimento do que me fazia gaguejar.

"Sabe, meu pai foi um homem muito dominador. Ele acreditava naquele ditado antigo que diz que 'as crianças devem ser vistas, mas não ouvidas'. Ele me criticava, quando eu era criança, quando eu falava ou expressava minhas ideias. Eu ficava encucado. Fiquei com medo de ser ridicularizado toda vez que abria a boca. Isso me fez começar a gaguejar. Depois disso, fiquei relutante em falar na presença de qualquer um, e as pessoas nem queriam que eu tentasse, porque ficavam incomodadas de me ver lutar para falar o que queria falar.

"Quando descobri que eu podia falar sem gaguejar diante das galinhas e das vacas, desenvolvi a confiança de poder falar tão bem assim diante das pessoas. Essa confiança surgiu como resultado de uma ideia engraçada que me veio à mente. Ocorreu-me que tudo que eu tinha que fazer era imaginar as pessoas como muitas galinhas, vacas e cavalos – e, ao fazer isso, eu perderia o medo delas. Era um conceito de moleque, mas deu certo. Ajudou-me a não me levar muito a sério, a superar a sensação de inferioridade e a não ficar encucado, preocupado comigo. Percebi, também, que eu ficava me imaginando incapaz de falar diante dos outros, porque eu tinha medo das repreensões do meu pai. Assim que mudei essa imagem, e pedi a força para me expressar sem medo, esse 'algo' tomou conta de mim. Então eu atraí as experiências e o treinamento que me fizeram evoluir para o pastor que sou hoje – assim como eu havia imaginado, tantos anos atrás!"

Qualquer que seja sua suposta limitação, essa força criativa está pronta, esperando para ajudar você a superá-la! Você está preparando sua mente para a manifestação dessa força dentro e através de você?

COMO VOCÊ PODE ACREDITAR?

Primeiro, você tem que estar convencido de que essa força não é esquisita, que é real e confiável, que poderá reconhecê-la quando a descobrir dentro de você e que saberá como usá-la.

Esse é o propósito, claro, deste livro – revelar essa força criativa para você e lhe dar o *know-how* para fazê-la funcionar do melhor jeito no seu caso, como fez para milhares de pessoas.

Mas você, que está lendo estas linhas, não pode ficar sentado lá fora, meditando, e esperar vivenciar a potência explosiva dessa força tremenda na sua consciência. Precisa abrir sua mente interior e torná-la receptiva, para que o TNT escondido dentro dela, através do pensamento incorreto e talvez por ignorar a existência dele, possa aparecer e começar a jogar longe seus obstáculos, impedimentos, dificuldades e problemas, todos que você mesmo criou.

Você enfrenta qualquer coisa na vida – não de fora para dentro, mas de dentro para fora.

As coisas acontecem primeiro na mente, para depois poderem acontecer no mundo lá fora.

É uma verdadeira pancada: a primeira vez que repara nisso. Você não dá um passo que seja sem que sua vontade escolha fazer isso. Não pode largar este livro, a não ser que tenha resolvido na sua mente, primeiro, fazer isso. E não há como empregar a ajuda desse "algo" interior enquanto você não remover as restrições que colocou nele através do seu pensamento incorreto.

NÃO SE SINTA DESENCORAJADO

Um grande amigo meu chamado Jones não andava obtendo sucesso algum na área de marketing que tinha escolhido. Ele era apenas um profissional comum. Um dia, resolveu que tinha que mudar isso. Ainda não sabia o que realmente desejava na área, ou para onde estava indo, então olhou ao redor.

Havia algum cargo, na área de marketing, que ele se achava especialmente qualificado para ocupar? Sim. O cargo de gerente de marketing de um periódico nacional similar à *National Geographic* – vamos chamá-lo de *Viajando pelo mundo*.

Meu amigo tinha viajado pelo mundo todo. E tinha uma "sensação" com relação a esse cargo, começou a "se enxergar" atuando como gerente de marketing. Ele conseguia colocar um entusiasmo verdadeiro nessa visualização. Conforme seu interesse cresceu, quanto à possibilidade de conseguir esse emprego, ele entrou em contato com o dono da revista.

"Sinto muito. Estamos muito satisfeitos com nosso gerente de marketing atual, o Sr. Haley. Ele está conosco há muitos anos e faz um bom trabalho. No que depende de nós, ele tem emprego conosco para a vida toda."

Essa informação teria sido suficiente para desencorajar nove de cada dez pessoas – mas não o Sr. Jones. Ele se sentiu compelido a dizer: "Tudo bem, mas me interesso muitíssimo pela sua publicação, e me daria tanta satisfação pessoal estar associado a ela, mesmo em termos não oficiais; você se importaria se eu participasse das reuniões editoriais e de marketing quando pudesse, e desse minhas recomendações de vez em quando, como se eu fosse membro da equipe, mas sem receber pagamento?".

A proposta era tão incomum que captou o interesse do dono da revista.

"Pessoalmente, eu não faria objeção, já que você está assim tão interessado", disse ele ao Sr. Jones. "No entanto, você teria que vender essa ideia ao Sr. Haley. Talvez ele não goste de ver uma pessoa interessada no cargo dele associando-se a ele dessa maneira. Mas se ele concordar com o fato de você investir seu tempo livre para o nosso interesse, sem obrigação nenhuma da nossa parte, você será muito bem-vindo."

O Sr. Jones ligou para o Sr. Haley. Os dois gostaram um do outro no mesmo instante. Começou ali uma amizade cálida, que continuou por oito anos, tempo em que o Sr. Jones foi de grande valia para a *Viajando pelo mundo* e ficou a par de cada fase de suas operações enquanto se ocupava de outros trabalhos na área, que lhe rendiam o sustento.

Finalmente, chegou um dia em que ofereceram ao Sr. Haley um cargo na Califórnia, e ele resolveu, por motivos pessoais e de saúde, tendo sempre desejado morar nesse estado, que sairia da *Viajando pelo mundo* e iria para o Oeste.

O Sr. Jones, atualmente, é o gerente de marketing da *Viajando pelo mundo*, tendo assumido o cargo do Sr. Haley com total conhecimento – um cargo que ele se imaginou ocupando por oito anos e no qual trabalhou ao longo desse tempo todo.

Você ainda acha que a força interior não consegue lhe trazer o que deseja?

O QUE A INSPIRAÇÃO É CAPAZ DE FAZER

Você se sente desanimado, desesperançoso, querendo pôr fim a tudo? Era assim que H. C. Mattern se sentia alguns anos atrás. Ele fora para Nova York, deixando seu lar, na Pensilvânia, de onde partiu por problemas econômicos, com a família. Esperava voltar aos trilhos em Nova York, mas as coisas, como costuma ocorrer quando você está chateado, mental e emocionalmente, foram de mal a pior.

Mattern finalmente resolveu, visto que devia seis semanas de aluguel, restava-lhe muito pouco dinheiro, e tinha ficado sem perspectivas e recursos, que a única saída era o suicídio. Mas havia diversas coisas pequenas que ele precisava resolver e estava determinado a fazer isso antes; uma delas o fez passar pela seção de livros da loja de departamentos Macy's. Ele passava por uma das estantes quando o título de um livro chamou sua atenção e o desafiou. O título era *A chave da felicidade*, de Harold Sherman.

No estado de espírito perturbado de Mattern, o título agiu como faz uma bandeira vermelha diante de um touro. Mattern pensou consigo, enraivecido: "Não existe uma chave para a felicidade!". Mas o título continuava na cabeça dele quando chegou à calçada, como a lança de um toureiro fincada no corpo. Por impulso, ele deu meia-volta, seguiu pelo caminho por onde viera, retornou à estante, pegou o livro e o comprou com o restinho de dinheiro que tinha.

Ao retornar para o quarto, munido do veneno que também havia comprado para tirar a própria vida, Mattern atacou o livro com postura desafiadora. Uma das primeiras passagens com as quais se deparou lhe disse estas palavras: "Mesmo que perceba ou não, você é direta ou indiretamente responsável por tudo que lhe acontece".

Mattern quase jogou o livro pela janela. Ele vinha culpando os outros por suas experiências infelizes na vida, dizendo a si mesmo que circunstâncias que estavam fora do seu controle tinham trazido tais condições desesperadoras sobre ele. A última pessoa que queria enfrentar era ele mesmo, muito menos ter que admitir que talvez ele fosse a causa de muitos de seus problemas ou dificuldades.

Para provar que o autor de *A chave da felicidade* não sabia do que estava falando, Mattern continuou a ler. Contudo, quanto mais lia, mais duros eram os golpes que levava.

"Talvez você esteja pensando, neste momento, se existe alguma saída das dificuldades que o cercam. E, se estiver, minha resposta é a seguinte: não perca a esperança! Há um jeito de resolver seus problemas – de aliviar as condições que talvez agora o estejam sobrepujando; um jeito que lhe permitirá alcançar as coisas da vida que mais importam para você..."

Mattern ficou interessado. Suas ideias de suicídio começaram a esvanecer. Que jeito seria esse? Algum dia conseguiria escapar da confusão em que se encontrava?

Ali estava, preto no branco: "Você precisa desenvolver a capacidade de imaginar, com clareza, na sua mente, o sucesso que deseja".

Lembre-se de que eu lhe disse que essa mensagem não é novidade – que ela foi escrita e transmitida milhares de vezes; mas é sempre nova para a pessoa que a recebe pela primeira vez.

Harold Sherman dizia a Mattern exatamente o que estou lhe dizendo sobre a força interior. Sherman tinha descoberto a força do jeito dele, como eu descobri do meu – e nós dois tivemos essa vontade de contar ao mundo sobre ela.

Mas Mattern tinha que ver com os próprios olhos; ele tinha que raciocinar, cada passo tinha que fazer sentido para sua lógica. Não se deixaria enganar por palavras ou promessas bonitas. Ele tinha ficado desiludido demais, distante demais, para entrar numa rota de retorno, a não ser que pudesse, ele mesmo, traçá-la. Mas conforme se aprofundou nos assuntos desse livrinho, as coisas começaram a fazer sentido, algo que nunca tinha acontecido antes. Ele começou a rever sua vida à luz da compreensão que estava adquirindo acerca do funcionamento de sua mente e suas emoções. Pôde começar a ver quantos de seus pensamentos equivocados tinham atraído resultados errados. E quando chegou à passagem na qual Sherman afirma que um indivíduo pode aprender a capitalizar sobre seus fracassos do passado, que pode extrair lições construtivas deles, e que todo indivíduo possui recursos e talentos escondidos, que podem ser cristalizados e desenvolvidos para tirá-lo de uma crise econômica, Mattern perguntou-se: "O que eu já fiz na vida e poderia fazer agora – recebendo dinheiro?".

Ele buscou na memória e refletiu, tristonho, que tinha sido pau para toda obra, um mestre de ninguém. Parecia não haver nenhuma combinação de habilidades e talentos com que ele pudesse contar para ajudá-lo nessa situação extrema. Mas espere um minuto! Alguns anos antes, ele tinha tentado desenvolver uma fórmula química para limpar e preservar móveis revestidos com couro. Tinha misturado diversos ingredientes e chegado perto de uma solução satisfatória, mas acabou desistindo do projeto. Talvez, se retomasse seus esforços nessa direção...

Então – plim! – aconteceu. Do nada, direto do subconsciente, como se entregue para ele numa bandeja, veio a fórmula que ele vinha procurando. No instante em que a recebeu, ele soube que ela funcionaria. Dito e feito!

Às duas da manhã, H. C. Mattern guardou os planos de partir deste mundo. Em vez disso, começou a fazer planos para obter os produtos químicos necessários assim que as lojas abrissem, no dia seguinte, para preparar a solução e encontrar um comprador para seus serviços de limpeza e preservação de móveis revestidos com couro.

Todas as dúvidas foram dissipadas, e uma nova fé em si e em Deus havia nascido. Existia mesmo uma chave para a felicidade, e ele a tinha encontrado.

Mattern soube, nesse momento, que sua fórmula tinha sido preparada para ele por esse "algo", a força criativa interior, em resposta a seus desejos e esforços prévios. O único erro cometido foi desistir cedo demais. Mas essa fórmula, uma vez criada, tinha sido guardada para ele, no subconsciente.

Pela manhã, Mattern, renovado e animado, visitou a loja mais próxima e conversou com o dono para lhe dar US$ 8 de crédito para que pudesse obter os ingredientes de que precisava para fazer a fórmula. Ele correu de volta ao quarto, do qual devia sete semanas de aluguel, e juntou os produtos químicos. Depois se sentou para deixar que a força interior lhe dissesse aonde ir para vender o produto e seu criador.

O nome W. & J. Sloane, uma grande loja de móveis da Quinta Avenida, veio à mente dele. Essa empresa obviamente possuía um extenso departamento de móveis revestidos com couro. Mattern ligou para a loja e pediu para falar com o responsável. Ele disse: "Aqui é H. C. Mattern. Eu criei uma solução para limpar e preservar os produtos de couro, principalmente móveis. Gostaria de visitá-los para fazer uma demonstração".

"Pode vir", convidou o executivo. "Se você tem mesmo um produto desses, nós certamente poderíamos usar!"

Quando chegou com sua solução, Mattern foi levado até um depósito, no qual lhe mostraram um divã revestido com couro em péssimo estado de deterioração. O couro estava seco, rachado e manchado. Parecia uma missão impossível, e o tipo mais severo de teste para a fórmula química dele. Mas Mattern aceitou o desafio. Após uma hora de trabalho duro, ele chamou de volta o executivo para ver o resultado. O que o executivo viu o deixou boquiaberto, de tão impressionado, em total descrença.

"Parece que você substituiu o divã por um novo", disse ele. "Não pode ser o mesmo! Ora, as rachaduras foram amaciadas e apagadas, o couro está flexível e vivo de novo, e as manchas todas se foram. Sr. Mattern, você acaba de ganhar um contrato para limpar e preservar toda a nossa mobília revestida com couro."

H. C. Mattern deixou a W. & J. Sloane, nessa manhã, com um cheque de US$ 400, pagamento adiantado pelo trabalho que ia fazer para eles.

Aquele "algo", a força criativa que você vai aprender a fazer trabalhar para você, tinha dado conta do recado! Ela teria feito isso por Mattern anos antes, se ao menos ele a tivesse convocado, do jeito certo.

E o que Mattern fez, na tentativa de agradecer a Deus por permitir a liberação dessa força interior? Naquela noite, ele jurou que jamais abandonaria outro ser humano que precisasse de ajuda, que sempre faria questão de aconselhar essas pessoas, fossem quem fossem.

NÃO LEIA UM LIVRO - ESTUDE-O

Hoje, H. C. e sua esposa, Mary Mattern, são famosos de costa a costa, como uns dos maiores filantropos do país. Eles doaram milhares de cópias de livros de autoajuda, que puseram nas mãos de presidentes de bancos, líderes da indústria e executivos, senadores, deputados, governadores, garçons, porteiros, operários, fazendeiros, balconistas e camareiros de hotel, jornaleiros, donas de casa, pessoas de todas as raças, classes, profissões e cores.

Na capa de cada livro, o casal escreveu: "Não leia este livro – estude-o!". Depois sublinharam diversos parágrafos com lápis de três cores diferentes, para enfatizar. Para garantir que os conteúdos fossem estudados, eles grampearam capítulos ou partes inteiras, com a seguinte instrução: "Não remova esse grampo enquanto não tiver certeza de que entendeu e praticou o que veio antes". Ou: "Não estude esta seção por um mês. Você vai levar todo esse tempo para assimilar o que está estudando agora".

Mattern afirma que eles levam, em média, uma hora para preparar cada livro, mas "vale a pena – faz toda a diferença do mundo naquilo que o indivíduo ganha com o livro. A maioria das pessoas têm o hábito de ler, não de estudar, e não se aplicam. É por isso que não chegam a lugar algum".

Acerca dos problemas que muitas pessoas enfrentam, Mattern declara: "Os problemas são todos, fundamentalmente, os mesmos, e podem ser resolvidos se convocarem a força interior".

Quanto a H. C. Mattern e sua ajudante, igualmente dinâmica, Mary, sua saudação, "sorria sempre", irradia constantemente deles, e seu espírito indomável é melhor expresso pelo *slogan* do cartão de apresentação do casal:

> **"FAZENDO O IMPOSSÍVEL –**
> **PORQUE SABEMOS COMO FAZER."**

Bem, o que você acha da força criativa agora? Está se preparando para aceitá-la operando na sua vida? Se sim, é melhor começar a usar o método de Mattern, e sublinhar toda frase deste livro que o acerte em cheio, que você sinta que tem significado especial para você, para que cada pensamento seja pregado na sua consciência e se torne parte do seu pensar.

Mas, primeiro, antes de liberar essa força, você terá de livrar sua mente de um monte de pensamentos e sentimentos incorretos. Isso pode ser doloroso no processo, mas lhe trará um ganho tremendo. Você topa? Consegue encarar a si mesmo? Muito bem – vamos lá!

CAPÍTULO 4

PARE – PENSE – E SE ANALISE!

> A verdadeira grandiosidade de um homem jaz na consciência de um propósito honesto na vida, fundamentado sobre uma estima justa de si mesmo e do restante, sobre constante autoexame e sobre uma obediência constante da regra que ele sabe estar certa, sem se preocupar com o que os outros podem pensar ou dizer, ou se eles fazem ou não o que ele acha e diz e faz.
>
> **MARCO AURÉLIO**

Suponho que não existe pessoa inteligente que não se interesse demais em avançar, mas sempre me pergunto se não existe uma qualidade negativa, algum tipo de inércia, na maioria das pessoas, que as impede de começar.

Vou contar uma história antiga. Num dique, no Mississippi, dois homens descansavam. Um deles bocejou, esticou os braços e disse: "Ah, eu queria ter um milhão de melancias". O outro perguntou: "Ora, se você tivesse um milhão de melancias, daria metade delas para mim?". "Não, senhor." "Daria um quarto, então?" "Não, não lhe daria um quarto." "Puxa, mas se você tivesse um milhão de melancias, não me daria nem dez?" "Não, senhor, não lhe daria nem dez." "Ué, não me daria nem uma melanciazinha?" "Olha aqui, eu não lhe daria nem uma mordida se tivesse um milhão de melancias." "Por que não?" "Porque você seria preguiçoso demais até para pedir!"

Há muito a aprender com essa história. Você entenderá conforme eu prosseguir.

Estou totalmente ciente de que alguns vão zombar. Sempre houve aqueles que zombam, mas estes nunca se dão bem. Nunca chegam a lugar algum na vida, apenas ficam com inveja, enquanto aquele que faz, a pessoa que está avançando na vida, tem que passar por cima deles ou desviar. Eles não fazem nada além de incomodar. Alguns de vocês talvez não valorizem tudo isso, como fizeram antes – como sempre farão –, mas para os que estiverem interessados, ainda estiverem dispostos a aprender, prometo que podem progredir.

É mais fácil seguir com a corrente do que contra ela, mas é preciso se harmonizar com os outros, com tudo que está ao redor.

Nas palavras de um grande filósofo: "Não mais deixe que seu respirar aja de acordo com o ar que o cerca, mas deixe também que sua inteligência esteja em harmonia com a inteligência que abraça todas as coisas".

Pouco esforço é necessário para respirar, mas é preciso gastar energia para pensar. Não deveria ser necessário, para mim, explicar ainda mais que estou sugerindo que você se sintonize com o próprio fluxo da vida. Você, que entende, perceberá que a natureza fornece caminhos e maneiras para que todas as coisas cresçam corretamente.

Medite por um momento e você perceberá que estou lhe contando verdades que talvez tenham sido esquecidas. *Existe a grande lei fundamental da compensação, que torna certas todas as coisas.*

Não existe regra estabelecida para fazer as coisas, pois alguns as fazem de um jeito, outros de outro, como duas pessoas que vão atravessar o rio: uma vai por uma ponte, outra vai por outra, mas as duas acabam chegando ao seu destino. Em outras palavras, no fim das contas, é o resultado que importa, e, se você definir exatamente o que quer e seguir as regras simples apresentadas aqui, tudo que você procura será seu.

Chegou a hora de você parar, pensar e se analisar.

O que você pensa de si mesmo – e por quê?

Você acredita que está obtendo da vida aquilo que deveria? Acha que está entregando à vida aquilo que deveria? A vida, como você sabe, não é uma rua de mão única. É um presente dado por Deus, o Grande Criador. Porém, desde o momento em que nasce, você está, basicamente, por conta própria. Você mesmo tem que respirar pela primeira vez para viver – e tem que continuar respirando, se quiser permanecer na Terra. Tem que ter um cuidado razoável com seu corpo, ou desenvolverá algum tipo de problema de saúde. Tem que usar a cabeça e o que está dentro dela. Do contrário, você não chegará muito longe, nem com a mente, nem com o corpo.

A situação em que você se encontra agora depende em grande parte do que você anda pensando e fazendo consigo e para si mesmo – ao longo da vida toda. Nada simplesmente aconteceu com você por acidente. Você é a soma de todas as causas e efeitos que determinou dentro de si mesmo através de atitudes mentais e emocionais. O resultado final é quem você é agora!

Dê uma olhada no espelho. Estude cada movimento físico. Ele conta uma história. Cada gesto que você faz marca sua personalidade, uma expressão exterior.

Examine essa expressão no seu rosto: ela indica o jeito como você pensa. Seus olhos – como lhe parecem? Seu olhar é claro, firme e direto? A pessoa que você vê no espelho é aquela que os outros veem. Que tipo de impressão quer causar neles? Isso depende totalmente de você.

Você sabe se tem ou não personalidade. Se ela está ausente ou é mal desenvolvida, tome uma atitude para dar um jeito nisso. Você pode e vai conseguir, quando tomar essa decisão e fizer conforme sugerido aqui.

O que é personalidade? Quando você está diante de uma pessoa que tem personalidade, o que prende sua atenção? O que o faz sentir a presença dessa pessoa – que ofusca você?

Isso nada mais é do que uma força dinâmica associada à força de vontade que ela retira do grande reservatório do subconsciente. Há milhões de pessoas que têm essa personalidade (algumas dizem que é algo natural, e talvez seja, mas elas usam essa força de modo inconsciente). Isso foi forçado para dentro delas, ou elas o desenvolveram sem perceber, ainda bem jovens, e, quando essa coisa chamada personalidade é sustentada pela força de vontade, as coisas avançam.

Uma personalidade atraente pertence a quem possui autoconfiança, segurança. Essas pessoas têm propósito; sabem aonde estão indo e como chegar lá; e essa intensidade de propósito aparece no rosto delas. Elas têm postura. Atraem os outros para si como um ímã atrai clipes de papel. Todo mundo se junta em torno de uma personalidade radiante.

Quando passa a se conhecer, você desenvolve essa mesma intensidade de propósito, essa determinação de seguir em frente. E logo essa determinação ficará visível em sua expressão, sua fala, suas ações.

Você já deve ter ouvido alguém dizer que certa pessoa tem um olhar penetrante, que ela enxerga os outros por dentro. O que é isso? Isso nada mais é que a chama interior – a intensidade – ou seja lá como você prefere chamar, e significa que a pessoa que tem esse olhar geralmente consegue o que quer. Ela instiga, comanda, atrai.

Lembre-se de que os olhos são as janelas da alma. Pense nas fotos de homens de sucesso. Estude o olhar desses indivíduos e você verá que todos eles têm essa intensidade.

Portanto, deixe que isso apareça no seu jeito de andar, no jeito de se conduzir, e não vai demorar até que as pessoas sintam a sua presença quando aparecer em público – e cada pessoa sentirá essa personalidade quando você estiver conversando.

A meu ver, vender ações, livros, roupas, seguros, serviços de eletricista, máquinas de lavar roupa, nada disso é diferente de vender qualquer outra *commodity*, vender você mesmo ou vender ideias. Eu descobri que, quando quero passar uma ideia, primeiro eu tenho que acreditar em mim mesmo, depois na ideia e na minha habilidade de vender a mim mesmo e a ideia. Descobri também que você precisa saber do que está falando, e somente estudo, estudar muito, com persistência e inteligência, permitirá isso.

ACORDE! SAIBA O QUE ESTÁ ACONTECENDO AO SEU REDOR! PROCURE SABER DAS COISAS!

Você pode desenvolver e expandir sua personalidade ficando a par dos assuntos do mundo. Mantenha-se informado. Descubra tudo que puder de interessante sobre as pessoas que você conheceu ou está para conhecer, para que tenham muito mais em comum, sobre o que conversar. Nunca se sabe o que interessa a um novo amigo ou conhecido, e às vezes é preciso conquistar a atenção dele, ou uma oportunidade, através de assuntos totalmente irrelevantes. Não se pode sempre começar uma conversa falando do clima ou de uma dor que você está sentindo. Leia jornais, periódicos atuais, conheça os programas e os comentaristas mais importantes. Use seus olhos e seus ouvidos. Certifique-se de estar atualizado. Não estou falando de saber todos os detalhes de um assassinato ou um suicídio, mas tenha uma ideia das atividades do dia, em casa e no exterior. Isso ampliará sua perspectiva.

Nunca se esqueça de que conhecimento é poder! Isso pode soar como conversa mole, mas, meu amigo, é a verdade!

Quem é que quer ficar ouvindo uma pessoa desinformada, ignorante e autocentrada?

Incremente seu conhecimento, e o escopo de suas atividades e seus interesses aumentará bastante, tanto quanto o desejo por coisas maiores – mais grandiosas. Conforme seu desejo se expande, as coisas que achava antes que queria se tornarão triviais para a sua mente e serão desconsideradas – outro jeito de dizer que, no fim, você vai preferir viajar para as estrelas, e, quando o fizer, vai viajar na velocidade de um raio!

Estude, aprenda e trabalhe. Desenvolva interesse por observar. Acelere. Faça melhor do que isso: voe como um foguete. Fique mais vívido por você mesmo, e transmitirá essa vivacidade para os outros. Empolgará as pessoas apenas por estar perto delas. Parte do seu magnetismo vai resvalar nessas pessoas, e elas vão gostar de você por causa disso. Certamente já ouviu alguém dizer isto: "Eu me animo muito quando estou com o fulano. Ele sempre me dá uma levantada!".

Seja confiante, entusiasmado, libere um pouco dessa chama interior – esse "algo" – e você emanará vibrações ao seu redor. Essa é a teoria de toda a vida, tão antiga quanto o próprio mundo. Semelhante gera semelhante – um, dois, três! Eu fico repetindo essa expressão, e não ligo quantas vezes você já a ouviu na vida. Talvez se eu repetir bastante – um, dois, três! –, você jamais esquecerá. Semelhante gera semelhante. Uma risada traz mais risadas, uma boa ação atrai boas ações, riquezas geram riquezas, amor, amor – e assim por diante. Isso funciona! É contagiante! A boa e velha lei da atração nunca falha.

Mas não vá pensando que estou lhe dando um amuleto gigante e que tudo a fazer é se sentar e começar a falar consigo mesmo, e, usando a repetição, conseguir o que deseja. Não é tão fácil assim! Você precisa ter um amuleto sustentado por uma crença. E isso não é tudo. O amuleto e a crença devem ser coordenados e sincronizados a ponto de funcionar em perfeita harmonia. Quando esses dois estiverem sintonizados, você verá sua personalidade se desenvolver. Então coloque ação e energia no seu esquema, e tudo avançará diante dos seus olhos.

Creio que todos nós já admiramos, um dia, esse tipo intenso de pessoa. Refiro-me a alguém que tem os ombros para trás, o peito estufado, a cabeça erguida e o olhar alerta. É fácil avistar, em qualquer empresa, aqueles que andam se arrastando, de ombros caídos, cabeça baixa e olhar vago. Desocupados, preguiçosos, desistentes.

DESCUBRA SUAS FALHAS

Primeiro, avalie-se. Depois estude as pessoas com as quais você está associado, e saberá dizer, quase no primeiro olhar, aquelas que progredirão e aquelas fadadas ao fracasso.

Você está mais próximo dessa categoria? Se estiver, dê um jeito nisso!

A culpa, meu caro Brutus, não está nas estrelas,
mas em nós mesmos, que somos seus inferiores.

William Shakespeare escreveu isso, como você sabe, e fica claro, nos textos dele, que conhecia e usava essa força interior na vida. Ele se elevou muito acima do comum e ganhou para si um espaço imortal na calçada da fama da literatura, confiando na força criativa interior.

Sim, a culpa está em você mesmo, se você não é quem queria ser e não está onde queria estar. Se é tímido, retraído, enfadonho e inferior, é por culpa sua. Não culpe as estrelas. Não culpe a sociedade. Não culpe o mundo. Culpe a si mesmo. Eu repito: troque a marcha. Saia do raso e vá para o alto. Comece a imaginar o que realmente quer ser e você começará a avançar.

Fique atento, porque o pensamento pode funcionar em modo reverso. Você pode voltar para trás, com o pensamento incorreto, tão rapidamente quanto pode avançar usando o pensamento correto.

Esse tipo de "pensar reverso" já causou depressões, e pode causar depressões mais uma vez. Se a mente do homem começa a entrar em pânico, se uma quantia suficiente de indivíduos fica obcecada com medo e ganância, se a mentalidade da escassez varre a Terra, se grandes quantidades de pessoas ficam exigentes demais ou seguem com intento demais para determinada direção, o mercado de ações pode ficar alterado, e a economia do mundo todo pode ser afetada.

Quando estão deprimidas, as pessoas tendem a deprimir as que estão ao redor. Quando cai o barômetro, isso é sinal de tempestade. Uma expressão tristonha pode causar muita tristeza nos outros. Não carregue suas dores e seus problemas com você por aí. Ninguém quer se envolver nisso. As pessoas já têm as dores e os problemas delas.

PARE DE CHORAMINGAR!

Imagine-se embrulhando dores e problemas num pacote bonito e deixando-os na beira da estrada. Melhor ainda: imagine-se largando-os do alto de uma ponte, para que sigam com as águas, para nunca mais voltar.

Você diz que não há como fazer isso, e eu respondo: "Por acaso ajuda a resolver problemas e dores de cabeça deixar que essas coisas pesem na sua mente e no seu corpo o tempo todo?".

Saia daí de baixo! Não tem como ser você mesmo, é impossível passar a impressão correta aos outros, atrair coisas boas, se você viver suportando o peso de coisas que já aconteceram, que não podem mais ser evitadas, tampouco curadas com todo esse choramingar.

Se a preocupação tivesse o poder de resolver problemas, eu passaria o dia todo preocupado, e pediria que você me ajudasse nisso. Mas ficar preocupado e triste apenas multiplica seus problemas.

Caso fizéssemos uma fila com todas as preocupações crônicas do mundo, elas poderiam alcançar a Lua. Você já deve ter visto pessoas que parecem prestes a formar nuvens de chuva acima da cabeça. Elas pertencem à Ordem Real dos Tristonhos e Pessimistas. Tudo que lhes acontece é ruim ou vai ser ruim. Elas perderam, temporariamente, a capacidade de ver o bem nas coisas. Não conseguem apreciar o presente, porque estão lamentando o passado e com medo do futuro.

Um dos homens mais sábios que conheci, de mente e espírito muito evoluídos, me disse certa vez: "Nunca, jamais se esqueça disto: *a vida é uma proposta individual.* Não importa quanto você possa desejar, às vezes, passar a responsabilidade por seus pensamentos e atos para os outros, ou fugir das consequências de certas experiências nas quais você se envolveu; você vive num mundo de causa e efeito – um mundo no qual nada acontece por acidente – e você, somente você, estabelece as causas com o seu pensar, bom ou ruim, para as coisas que lhe acontecem!".

Eu provei isso na minha vida diversas vezes, e você também, se conseguir admitir para si mesmo. Contudo, quando eu fiz essa afirmação para algumas pessoas, elas me disseram: "Que ideia mais assustadora. Você está dizendo que eu atraí fracasso, problemas financeiros, doenças, desgosto, perda de amigos, tristeza...?". E quando eu disse a essas pessoas que sim, se alguma dessas situações lhes ocorreu, foi por culpa delas mesmas, elas disseram que não tinham imaginado essas coisas.

Não, talvez não tenham imaginado mesmo – não diretamente. Elas não se imaginaram fracassando, ficando sem recursos, sofrendo um acesso de nervos, perdendo popularidade, perdendo amigos, num final infeliz. Mas as atitudes mentais eram expressas nestes tipos de pensamentos: "Não é de surpreender que isso tenha acontecido comigo"; "Não adianta nem tentar – não consigo fazer isso!"; "Não quero conhecer essa pessoa... não vou gostar dela!"; "É bem típico isso acontecer comigo. Eu sempre me dou mal"; "Estou tão triste; quero morrer"; "Vou falir, não tem outro jeito"; "Sim, estou até que me sentindo bem hoje, mas isso não significa nada. Provavelmente, vou piorar amanhã".

Não são sugestões ótimas? Você consegue imaginar, com o conhecimento da mente que já obteve, como algum desses pensamentos poderia atrair algo de bom?

Pelo contrário, esse tipo de pensamento só pode trazer um resultado. Entretanto, muitos indivíduos, descuidados, em momentos de depressão emocional, dão voz a esses pensamentos, e depois não entendem por que tantas coisas dão errado na vida.

PREPARE-SE PARA ENCARAR QUALQUER COISA!

Avalie-se! Estamos vivendo, como você sabe, numa era fantástica – uma era incrível. Para muitos, cuja mente não está preparada, é uma era assombrosa, assustadora.

O passo da vida e das novidades aumenta em ritmo acelerado. As coisas estão acontecendo quase rápido demais para a mente do homem compreender. Cada vez mais novidades inacreditáveis estão a caminho. Muito do que era considerado impossível, alguns anos atrás, já foi realizado. Tudo pode acontecer, daqui em diante – e provavelmente acontecerá!

Você precisa treinar para estar alerta mentalmente, manter a cabeça aberta, fazer contato com sua força criativa interior, para poder se adaptar às mudanças que estão por vir: para ter o *insight*, a compreensão e a coragem de encará-las.

Você precisa aprender a captar a verdade – aceitar o que apela para sua experiência passada, sua razão e sua intuição – e conter o julgamento de todas as coisas com que não tem familiaridade, até que possa prová-las ou testá-las na sua vida.

Não basta aprender as leis da mente. Você precisa aprender a usar sua mente de acordo com essas leis.

Você já ouviu o antigo ditado: "A fé, sem palavras, está morta". Você precisa trabalhar consigo mesmo para desenvolver a força criativa interior, para que ela possa fazer o que já fez e está fazendo pelos outros.

As pessoas afortunadas deste mundo são aquelas que sabem como visualizar, como eliminar medos e preocupações, como manter-se calmas e firmes por dentro, quaisquer que sejam as circunstâncias, como adotar uma atitude mental positiva e como reter a estabilidade emocional sob pressão.

Este deveria ser seu maior objetivo na vida: alcançar essa conquista. Essa será sua única orientação, a única proteção neste mundo acelerado de hoje.

ABANDONE TODO PENSAMENTO LIMITADO!

Prepare sua mente, agora, deixando de lado todo o pensamento estreito e limitado. Nunca mais diga que algo é impossível, por mais impossível que lhe pareça no momento. Não restrinja nem acorrente sua mente com um pensamento pequeno e preconceituoso. Liberte sua consciência de ressentimento, antagonismo, ódio e reações emocionais similares em relação aos outros. Esse tipo de pensamento o impede de raciocinar direito, de obter a perspectiva correta dos outros e de si mesmo. Impede seu progresso, impede sua força criativa de atuar através de você.

Você pode superar os efeitos do pensamento incorreto. Contudo, para fazer isso, é preciso ganhar controle emocional; você precisa aprender a relaxar seu corpo físico, a tornar passiva sua mente consciente, e a colocar as imagens corretas, do que deseja, na mente. Você precisa aprender a se libertar das garras com que os erros passados, agora guardados na sua consciência, prendem você.

Visto que semelhante atrai semelhante (um, dois, três! – repeti a expressão de novo!), o bem atrai o bem, e o mal atrai o mal. É simples assim, mas você não conseguirá se corrigir se não encarar o passado.

As pessoas me dizem: "Mas eu estou tentando esquecer o passado!".

É uma pena, mas a mente não funciona desse jeito. Ela se prende ao que chega à consciência a não ser que você, por meio de um ato de reconhecimento, resolução e vontade, mude essa imagem – ou largue dela!

Quantas vezes você se permite ficar chateado com algo que alguém faz ou diz? Você guarda a imagem de cada incidente e sentimento na mente.

Quando pensa nessa pessoa, você retoma os sentimentos que tem contra ela, até tê-los superado. Se não os desafia, eles continuam existindo como irritações na consciência. As irritações acabam encontrando reflexo em algum distúrbio físico, ou doença, ou em alguma experiência humana infeliz.

Você quer permitir que essas irritações passadas atraiam transtornos similares no futuro? Então tome uma atitude e elimine-as da sua consciência.

PARE DE SE ENGANAR!

Você mesmo terá de se analisar. Você se conhece melhor do que qualquer amigo próximo ou parente, mais do que eles poderiam conhecer. Você pode até ter conseguido mascarar seus sentimentos e pensamentos reais dos outros, mas você sabe, lá no fundo, o que realmente pensa e sente sobre as coisas e as pessoas. Se esses pensamentos e sentimentos não são bons, tome uma atitude e faça com que sejam!

Perdoe as pessoas pelo que elas lhe fizeram. Assuma sua parcela de culpa. Não guarde ressentimentos, mágoas, ódios. Eles envenenam sua mente e seu corpo, bagunçam a química do seu organismo físico, deixam você suscetível a todo tipo de doença possível. Os médicos, atualmente, atribuem essas aflições, como artrite, reumatismo, herpes, alguns tipos de epilepsia e muitas outras doenças, a transtornos nervosos e emocionais. Já foi descoberto até que muitas pessoas que têm câncer podem retardar o progresso da doença se puderem controlar as emoções e manter uma atitude otimista e corajosa diante dela.

Esse "algo", na mente, tem força ilimitada – para superar, curar, criar, atrair –, basta que você aprenda a usar.

Desenvolver essa força depende de você. Está disposto a fazer esse esforço? Se estiver, siga-me ao longo dos capítulos, estudando e aplicando... estudando e aplicando... e, quando chegarmos juntos ao fim dessa jornada, você terá a resposta para os seus problemas e estará seguindo um caminho feliz, de sucesso, somente seu.

CAPÍTULO 5

COMO CRIAR IMAGENS MENTAIS

Olha para dentro. Lá fica a fonte do bem, e ela
nunca borbulhará se tu nunca cavares.

DITADO ANTIGO

Antes que possa realmente alcançar, controlar e direcionar esse "algo", você precisa saber como sua mente funciona. Essa força criativa é a parte mais importante da sua mente, mas é esquiva e intangível, e difícil de contatar, conscientemente, enquanto você não tiver um entendimento da sua consciência interior.

Você sabia, por exemplo, que você não pensa em palavras? Você pensa em imagens! E, já que pensa em imagens, e não em palavras, sua mente, em seu funcionamento "mecânico", opera de modo similar ao daquele homem primitivo que viveu milhares de anos atrás.

Ele também pensava em imagens, antes de a linguagem evoluir. Quando saía de sua casa, na caverna, e ia caçar, e retornava para a tribo, o único jeito de poder transmitir aos demais o que havia acontecido com ele era desenhar imagens grosseiras com carvão ou cinzel nas paredes de pedra da caverna.

Aos poucos, conforme o homem primitivo foi desenhando imagens de experiências similares várias vezes, e associando sons com certos objetos e acontecimentos, ele precisava apenas começar a desenhar uma imagem conhecida, e os espectadores o compreendiam exatamente. Essas imagens iniciais acabaram sendo reduzidas a símbolos, os símbolos agrupados se transformaram em letras, depois em palavras, e finalmente em frases... e nasceu a primeira língua.

Mas com toda a nossa valorizada civilização de hoje, com todas as imagens que evoluíram, com o vocabulário enorme de palavras que o homem moderno tem para descrever seus sentimentos e suas ideias e o mundo ao redor, ele ainda pensa, basicamente, em imagens. Posso provar isso facilmente.

Pare um pouco e pense em alguma experiência incomum que você teve hoje. Ao relembrá-la em sua mente, você vê imagens nas quais está fazendo alguma coisa, está em algum lugar, encontra alguém – seja lá qual for essa experiência. Mas você não consegue me transmitir o que aconteceu com você enquanto não usar palavras, os símbolos dessa experiência, para poder me contar sobre ela. Eu, por minha vez, enquanto ouço suas palavras, tenho que as traduzir em imagens na minha mente, no intuito de ver e compreender o que você vivenciou.

Portanto, ficou claro e evidente que nós pensamos, basicamente, como eu disse, em imagens. Esse é um dos fatos mais importantes que você pode vir a aprender sobre a sua mente. E o fato importante seguinte é este: o que você imagina na sua mente, se isso se junta à força criativa interior, pode atrair qualquer coisa que você deseje ou tema.

A FORÇA CRIATIVA É COMO UM ÍMÃ

Isso é verdade porque essa força criativa funciona como um ímã. Dê-lhe uma imagem clara e forte do que você quer, e essa força criativa começa a trabalhar, magnetizando condições ao seu redor – atraindo coisas, recursos, oportunidades, circunstâncias e até as pessoas de que você precisa, para ajudar a fazer acontecer, na sua vida concreta, o que você imaginou.

Não acredita? Pense na sua vida! Lembre-se de épocas em que vivia com medo de que algo fosse acontecer, e isso acabava mesmo acontecendo. Talvez você não tenha percebido – mas essas imagens de medo impressionaram tanto esse "algo" interior que você o fez atrair condições erradas e acabou ficando suscetível a essa mesma coisa que temia.

Veja, essa força criativa interior não raciocina. Ela apenas produz o que você ordena na forma de uma imagem mental, com sentimentos fortes de medo ou desejo por trás. É por isso que essa força interior é como TNT, tanto a favor como contra você, dependendo de seu pensamento ser construtivo ou destrutivo.

Agora, você pode entender como certas coisas boas, tanto quanto as ruins, aconteceram ao longo da sua vida. Esse "algo" sempre serviu a você, e o tipo de resultado que obteve dependeu do tipo de imagens mentais que você apresentou para ele.

Com base nisso, qual é a soma da sua vida? Ela foi permeada até agora pela mesma quantidade de experiências infelizes e felizes? Se sim, é melhor mudar isso, e rápido! E você pode mudar agora mesmo, fazendo uma modificação fundamental na sua atitude mental, superando seus medos e preocupações, e substituindo-os por pensamentos positivos, confiantes, corajosos.

Não há mais dúvida quanto a isso (e nunca houve para aqueles que entenderam o funcionamento da consciência): "como você imagina, na mente e no coração, assim você é".

Mantenha esse fato importante sempre em mente. Deixe que ele domine seu pensar diário. Verifique-se toda vez que você tender a ficar perturbado, mental e emocionalmente, e evocar imagens infelizes, destrutivas na sua mente. Você quer passar essas imagens para sua força criativa trabalhar? Quer que esses medos ou esses desejos sejam magnetizados para atrair experiências similares para você? Se não quiser, abandone esse tipo de imagem agora mesmo. Mude-as para algo melhor. Largue todos os sentimentos de medo ou ressentimento, ódio ou inveja – quaisquer que sejam esses sentimentos – e os substitua pelo tipo certo de sentimentos e atitudes mentais. No instante em que faz isso, você destrói o poder que essas imagens erradas teriam sobre você.

CUIDADO COM O USO ERRADO DO TNT

O TNT é ótimo quando você o usa direito – mas pode "moer" você inteiro se usar a carga errada em si mesmo.

Uma vez que tiver limpado sua mente das imagens mentais e reações emocionais erradas, você está pronto para imaginar, com fé e confiança, a realização de coisas boas.

A fé é o energizador da força criativa, esse "algo" interior. Terei mais a falar sobre isso mais tarde, mas você precisa acreditar que aquilo que imagina pode virar realidade. A dúvida destruirá sua imagem e desmagnetizará a força criativa, de modo que você obterá meio resultado ou nenhum resultado, ou até um resultado errado.

Imagine qualquer coisa que você quiser como se já tivesse sido alcançada na mente. Visualize-se tendo alguma coisa, sendo alguma coisa ou fazendo alguma coisa como um fato realizado. Não tente imaginar os passos individuais que você acha que deveria dar para chegar aonde quer ir. Nossa mente consciente é tão limitada em seu funcionamento – limitada por nossos cinco sentidos – que não tem como saber qual é o passo melhor a dar ou a melhor direção a seguir. Mas sua mente subconsciente, esse "algo" interior, não é limitada por tempo ou espaço. Ela pode funcionar em todos os níveis e em todas as direções ao mesmo tempo, e colocar você em contato com todo tipo de oportunidade e pessoas que nem conhece – conscientemente – ainda.

Qualquer coisa de que você precise para se ajustar ao padrão da realização que você imaginou será atraída pela força interior, se persistir na visualização, dia após dia, e fizer todo o esforço para dar apoio ao que você deseja de coração.

Essa é a técnica simples a seguir. Ela produzirá resultados infalíveis, no devido tempo, se você dominar a arte da imaginação.

Mas eu devo deixar claro que existem dois tipos de mente: o tipo visualização e o tipo sentimento. Se você tem dificuldade de criar uma imagem na sua mente, daquilo que quer na vida, não se esgote na tentativa de fazer isso. Provavelmente, você é do tipo sentimento, e tudo que tem a fazer é se concentrar num ponto focal imaginário na sala escura que é sua mente e se deixar sentir que aquilo que deseja foi realizado na consciência – que tudo que resta para isso é ser materializado pela força criativa magnética no seu mundo exterior, concreto. Você obterá os mesmos resultados que obtêm aqueles que têm facilidade de visualizar.

VOCÊ PRECISA SABER RELAXAR!

Claro que não preciso dizer que, antes que você possa se concentrar no que deseja, precisa saber como relaxar seu corpo físico e deixar sua mente consciente passiva.

Você consegue relaxar? Consegue soltar seu corpo, com a sua mente, para que ele perca toda a tensão, para que você fique "inconsciente" do seu corpo, enquanto está meditando ou visualizando?

Muitas pessoas já me disseram que têm grande dificuldade de ficar "quietas" em corpo e em mente. Elas sentem uma tensão na nuca, entre os olhos, no plexo solar – em um desses lugares ou em todos. Dizem que nem percebiam quão tensas e nervosas estavam até que tentaram ficar quietas, física e mentalmente. Algumas dizem que sua mente consciente vive cheia de todo tipo de medo e preocupação fragmentada, e pensamentos misturados, que não conseguem deixar a mente em branco e imaginar o que realmente desejam.

Bem, não me surpreendo. Tantos de nós vivem cotidianos tão agitados. Criamos hábitos tão ruins em nosso pensamento, e poucos obtiveram algum controle emocional confiável. Todo tipo de coisinha nos chateia, e nós carregamos essas chateações por aí, conosco, o dia todo. Elas continuam conosco à noite, quando tentamos relaxar e pensar de modo construtivo, para variar. O resultado é que, quando realmente nos aquietamos, estamos ainda mais conscientes das perturbações do dia que se dramatizam na tela da nossa mente.

Como podemos nos livrar delas? Essa é a questão! E terá valor inestimável para você, se obtiver a resposta. Você precisa dessa resposta se quiser imaginar seus objetivos com clareza e confiança.

Você já ouviu falar que é impossível ter mais de um pensamento na mente consciente ao mesmo tempo? É verdade! Em qualquer momento, você consegue ficar consciente de apenas um pensamento. O segredo da concentração é fixar a atenção da mente consciente num ponto focal imaginado na consciência – como uma tela mental. Visualize essa tela como se estivesse estendida por toda a sala escura que é sua mente, e, contanto que você mantenha a atenção nela, outros pensamentos, medos e preocupações soltos não poderão passar por essa tela.

PROTEJA SUA IMAGEM!

Pare um pouco, quieto, relaxado, e jogue sua imagem mental nessa tela. Não tente mantê-la ali por muito tempo. No instante em que sentir que a força criativa interior recebeu essa imagem, diga a si mesmo: "Acabou... foi criado" – ou qualquer coisa que queira dizer que acrescente convicção a sua visualização ou seus sentimentos, e deixe que vá embora.

Quando tira uma foto com uma máquina, você não fica abrindo a câmera para ver o negativo, para ver se a foto foi revelada, não é mesmo? Tenha fé de que a força criativa – esse "algo" interior – fará a revelação para você. Siga com suas atividades diárias, com a expectativa contente de que o que imaginou está no processo de materialização. Mas repita a visualização todos os dias, diversas vezes ao dia, e à noite, antes de se deitar, até que o que você imaginou ou se sentiu tendo alcançado na mente tenha se tornado fato na vida real.

Agora, a questão é: como você pode atuar para ajudar a tornar realidade aquilo que você imaginou? Não dá para ficar sem fazer nada, esperando que a força criativa faça todo o trabalho por você. O melhor jeito de provar para a força criativa interior que você não está de brincadeira é arregaçar as mangas, você mesmo, e fazer tudo que puder para alcançar seu objetivo. Às vezes, você não alcançará o objetivo que acha que está mirando – mas alcançará algo ainda melhor.

Bill McDaniel era um dos melhores corretores de seguros da cidade de Nova York. Ele acreditava nos poderes mais elevados da mente e atribuía seu sucesso ao uso evoluído que fazia deles. Trabalhava com a fé absoluta de que, quando ele imaginava uma venda como realizada, tudo já estava resolvido. Entretanto, ele não se permitia ficar sonhando ou exagerar no otimismo. Ele trabalhava muito, fazia contatos pessoalmente e organizava o cenário para a consumação de cada negócio. Havia momentos em que sua intuição lhe dizia que não devia pressionar, que devia esperar até ter a sensação de que poderia atacar.

Uma dessas vezes foi quando ele estava tentando vender um seguro para um corretor da bolsa de Wall Street. Esse homem estava difícil de convencer. Ele tinha uma peculiaridade muito bem conhecida por seus parceiros de negócios: era rígido com pontualidade. Quando marcava um compromisso com alguém, se essa pessoa se atrasasse por cinco minutos que fossem, ele não a encontrava mais. Tinha uma noção muito grande de sua importância e do valor do tempo. Como passava muito tempo fora da cidade, era até difícil marcar um horário com ele.

Nessa manhã, Bill McDaniel estava com sorte. Havia ligado para esse homem, que lhe disse que o veria às onze da manhã, em ponto. Bill pegou o metrô, o que lhe dava tempo de sobra para chegar ao compromisso no horário. Na Times Square, ele teve de trocar de vagão, para Wall Street, e, ao seguir apressado pela multidão, passou por uma senhora de origem estrangeira, agarrada a uma bolsa antiquada, que chorava de medo e assombro. Ninguém lhe dava a menor atenção. Ela era apenas uma das muitas tragédias menores que ocorrem praticamente sem ser notadas, todos os dias, numa cidade grande como Nova York. Mas a imagem dessa senhora patética ficou grudada na mente de Bill, quando ele descia correndo os degraus do metrô, rumo ao vagão que encostava. Ele olhou para o relógio no pulso. Eram vinte para as onze. Outro vagão chegaria em poucos minutos. Ainda daria tempo. Bill deu meia-volta, subiu a escada e abordou a senhorinha.

"Senhora", ele a cumprimentou. "Qual é o problema? Está perdida?" Ela olhou para ele, esperançosa. "Yah", disse. "Qual é seu nome, senhora... onde a senhora mora?" Ela sacudiu a cabeça. "Não sei." "Você tem algum parente? Tem filho ou filha?" "Não sei", ela disse, lamentavelmente. A pobre mulher estava tão chateada e confusa que não conseguia pensar. "Senhora", disse Bill, "importa-se se eu der uma olhada na sua carteira?"

Bill a pegou, e a senhora a entregou. Ele abriu a bolsinha esfarrapada e fuçou em toda sorte de pequenos itens. Finalmente, encontrou um pedaço de papel com um endereço rabiscado. Havia o nome de uma mulher e um endereço no Brooklyn.

Bill leu isso para a senhorinha e perguntou: "Essa é sua filha?". "Yah, yah", disse a mulher, o rosto iluminando. "Minha filha!" "É para lá que a senhora vai?", perguntou Bill. "Yah, yah!"

Bill tomou a mulher pelo braço. "Venha comigo, senhora. Não se preocupe. Vai ficar tudo bem. Vou colocar a senhora no vagão certo."

Ele a guiou pelas escadas. Um vagão para o Brooklyn estava quase chegando. Bill acenou para o guarda que estava mais próximo.

"Espere!", ele berrou. "Esta mulher está perdida. Tenho o endereço aqui. Ela está tentando chegar até a filha, no Brooklyn. Pode ajudar para que ela desça na parada certa? E peça ao gerente da estação para colocá-la num táxi ou ligar para a filha dela, para que possa buscá-la."

"Sem problema, senhor", disse o guarda, pegando o pedaço de papel com o endereço. "Entre, senhora. Nós vamos cuidar de você!"

Bill viu a senhorinha a salvo, dentro do vagão. Ela virou, com a porta já fechando, e disse, numa voz fraca, cheia de gratidão: "Deus o abençoe!".

COMO, ÀS VEZES, A OPORTUNIDADE BATE À PORTA!

Então Bill olhou mais uma vez para o relógio. Sete minutos para as onze. Ele tinha perdido o compromisso. Não adiantava descer em Wall Street. O cliente não o veria mais. Se fosse qualquer outra pessoa, em vez de Bill, teria dito: "Isso que dá bancar o bom samaritano... perdi a chance de vender um seguro valioso". Ele confessa que sentiu uma pontada de decepção. Tinha planejado fazer esse contato por semanas, e era difícil entender por que ele tinha ficado preso. Sem dúvida, outra pessoa acabaria vindo salvar aquela senhora, alguém que não estivesse tão apertado com o tempo. Mas, por algum motivo que ele não entendia, não conseguiu seguir seu caminho sem fazer o que podia por ela. Talvez porque lhe ocorreu a ideia de que aquela devia ser a mãe de alguém. "Se fosse a minha mãe, eu não ficaria contente com qualquer ajuda que alguém desse a ela?"

Bem, agora estava tudo acabado – e ele estava contente por ter feito o que fez. Teria sempre sido assombrado pelo olhar suplicante que ela lhe lançara quando ele passou por aquela pessoa desesperada, pungente, em busca de ajuda, caso tivesse seguido com suas coisas. Por outro lado, não era todo dia que ele conseguia clientes bons como aquele.

Bill estava prestes a embarcar rumo a seu escritório quando lhe ocorreu que ele estava na região da Quinta Avenida com a Rua 42, endereço comercial de outro cliente, com quem havia deixado os valores de um seguro ainda maior seis semanas antes. Esse homem estivera na Europa, e Bill tinha lido nos jornais que ele retornara recentemente. Não faria mal, já que estava tão perto, dar uma passada na esperança de poder dar um "oi".

A sala de espera do cliente estava cheia de pessoas esperando para vê-lo. Bill foi embora. Ele não tinha horário marcado, e não adiantaria nada esperar, com toda aquela fila na frente dele. Mas quando seguia para o corredor, notou que a porta da sala do homem estava aberta. Era um dia quente de agosto, e ele parecia estar precisando daquela ventilação cruzada.

Agindo por impulso, Bill pegou o corredor e olhou lá dentro. Para sua surpresa, o homem estava sentado sozinho na sala, estudando uns papéis sobre a mesa. Ele ergueu o rosto, e os dois cruzaram olhares nesse mesmo momento.

"Bill McDaniel!", exclamou o homem. "Entre! Que coincidência! Eu estava para te ligar. Eu estava estudando sua proposta de seguro. Sofri um acidente de carro ontem e concluí que preciso ter mais cobertura." "Mas seu escritório está cheio de gente!", disse Bill. "Eles podem esperar", disse o homem, "isto é mais importante".

Quarenta minutos depois, Bill McDaniel tinha feito uma venda de um seguro cujo valor era o dobro daquele que tentaria fechar com o corretor de Wall Street. Não fosse a senhorinha... Isso mesmo, você entendeu. "Isso me ensinou uma das maiores lições da minha vida", Bill me disse, ao contar essa experiência. "Jogue seu pão nas águas, e ele volta em forma de bolo."

Há uma lição para você nessa história. Visualize, o melhor que puder, o que você deseja; faça o melhor que puder para ajudar a tornar realidade o que está imaginando, através dos seus esforços; quando as coisas parecem ter ido mal, tenha fé de que elas levarão para algo tão bom quanto ou até melhor – e em geral é assim!

O pensamento, contatar esse "algo", traz tudo, com as exceções da natureza, para a manifestação. Um pensamento que não seguimos – um lampejo desconsiderado ou perdido – pode ser comparado a uma boia que vaga, sem propósito. Contudo, o mesmo pensamento, a imagem da coisa que você deseja, mantido constante, atrairá esse objeto como um ímã atrai as coisas. Quanto maior e mais poderoso for o ímã, mais intensa é sua força de atração, e o mesmo vale para o pensamento sustentado. Quanto mais poderoso se torna, mais ele atrai.

Assim como uma grande lupa, reunindo os raios do sol, focada em certo ponto, queimará o papel e abrirá nele um buraco, o pensamento sustentado poderoso (a imagem mental vívida) fará o mesmo em relação a seu objeto correlato. Contudo, você precisa enxergar mentalmente a imagem do seu objeto ou ideal como realidade, ver todos os detalhes como algo que realmente existe, assim como você quer que esse objeto ou ideal de fato seja. Então, como se por mágica, a corrente vai se formar.

Agora releia até que tudo isso seja assimilado permanentemente.

CAPÍTULO 6

COMO "SONHOS IMPOSSÍVEIS" PODEM VIRAR REALIDADE

Existe um ditado muito repetido que você deve conhecer: "Sonhar não custa nada". Mas essa afirmação, em geral, tem um tom de futilidade, como se a pessoa que fala não tivesse fé de que seus sonhos podem virar realidade.

Na verdade, quem ousa sonhar e acreditar nos sonhos é o criador, em grande medida, de seu futuro.

Você não seria um ser humano comum se não tivesse desejos escondidos, os famosos "sonhos impossíveis". Talvez você não os confesse para ninguém, mas está sempre sonhando com planos, vendo-se fazendo algo ou indo a algum lugar ou tendo algo – e sente um pouco de alegria apenas por imaginar, por ora, que esses sonhos são realidade. Raramente, no entanto, você coloca a força de seus sentimentos e sua convicção para sustentar seus sonhos. Você nunca teve a fé de que eles poderiam ser convertidos em acontecimentos reais, caso os levasse a sério, em vez de pensar neles como fantasia.

"Ah, eu acho que nunca vou fazer algo como isso", me disse, certa vez, uma mulher que sonhava em viajar para a Europa. "Mas é divertido ficar imaginando, mesmo assim." Quando eu lhe garanti que ela podia ir para a Europa se realmente quisesse ir, ela riu e disse: "Não vejo como. Nunca tive dinheiro suficiente para fazer isso".

"Mas é certo que você não vai se continuar com esse pensamento negativo", eu apontei. "Tudo que você fala sobre você é 'acho que nunca', 'nunca vou ter', e por aí vai. O que você está fazendo é instruir a força criativa interior a não fazer nada por você – impedindo que tenha dinheiro suficiente para fazer as coisas – e você acaba recebendo apenas o que está imaginando." Ela levou algum tempo para entender o que estava fazendo consigo. Então disse: "Muito bem. De agora em diante, vou ter pensamentos positivos. Mas ainda não sei como vou fazer para viajar para a Europa". "Deixe isso com seu subconsciente – a força interior", eu aconselhei. "Apenas se imagine fazendo essa viagem para a Europa e deixe a força criativa arranjar a maneira de você conseguir viajar – e os meios!"

"Tudo isso me parece muito bagunçado", ela disse, "mas vou tentar". Eu lhe avisei de que ela precisava ter fé. "Não há como agir superficialmente ao se imaginar viajando para a Europa, sem fé, e acabar de fato conseguindo." "Tudo bem, eu farei o meu melhor", disse ela. "E veremos o que acontece." "Calma lá – você está expressando dúvida", eu disse. "Você não vai ver o que acontece – vai ver acontecer!"

Ela riu, dizendo que nunca conseguiria entender como funciona esse jeito de pensar. Oito meses depois, recebi uma carta dessa mulher – vinda da Europa –, mas não a reconheci pelo nome, até que ela se identificou. "Estou aqui", ela relatou. "Deu certo, como você disse que seria. Só que tive que me casar para que desse certo!"

Que maravilhoso, eu pensei, que aquele "algo" interior trouxe a ela não somente uma viagem para a Europa, mas um marido também! Quando começar a imaginar coisas boas vindo na sua direção, você pode acabar conseguindo ainda mais do que desejou!

COLOQUE SUA MENTE PARA FUNCIONAR!

Clarence Saunders, agora aos 67 anos, está a caminho de conquistar a terceira fortuna. Antes dos 35, conquistou a primeira. Seu colossal "sonho impossível" da famosa rede de supermercados Piggly Wiggly deu resultado. Saunders afirma que é fácil pensar em "ideias de um milhão de dólares" quando você treina sua mente para isso. "Minha mente pulsa o tempo todo", ele declara, "e eu nunca sei o que esse pulsar vai trazer – mas libero as rédeas da força criativa, e ela inventa algo de valor, todas as vezes". Hoje, Saunders está lançando sua nova ideia para uma rede de mercados que ele chama de "Comidelétrica". A loja funciona tão automaticamente que o freguês pode coletar os produtos sozinho, embalar e agir como seu próprio caixa. "Isso elimina o problema dos caixas, corta despesas extras e permite que uma equipe pequena dê conta de um volume tremendo", diz Saunders. "Consigo trabalhar com um volume anual de US$ 2 milhões com apenas oito funcionários, enquanto qualquer outro supermercado do mesmo tamanho empregaria pelo menos quarenta, talvez 65 pessoas. Já ganhei e perdi milhões na vida – mas estou a caminho do meu próximo milhão agora mesmo!"

Quem consegue parar um homem desses? Sua mente funciona assim, a todo o vapor, aos 67? Ou funcionará assim? Ela não funcionará assim se você não a treinar para trabalhar. Você carrega uma fortuna em potencial por aí, dentro da sua cabeça, o tempo todo. "Coloque sua mente para pulsar", Saunders sugere, "e você pode acabar encontrando petróleo". "Sonhos impossíveis", diz você. "Nada disso jamais poderia acontecer comigo." Cuidado com esse pensamento negativo! Não há como saber quais são as possibilidades dentro de você uma vez que der à força criativa interior uma oportunidade para trabalhar.

Os irmãos Wright tinham "sonhos impossíveis" quando se imaginaram construindo e voando no primeiro avião? Muitas pessoas sem visão pensavam assim, e os encobriram de ridicularização, mas isso não conteve os Wright. Eles tinham a coragem e a fé para continuar sonhando e trabalhando, diante do ceticismo, e desenvolveram um novo modo de viajar.

Poucos de nós têm visão. Não podemos enxergar além do momento presente. Ficamos tão imersos em nossas dificuldades e problemas do momento que não conseguimos visualizar uma saída.

Os "sonhos impossíveis" são uma forma de escapar para o futuro – um jeito de se libertar do presente e criar oportunidades e novidades. Não quero dizer que você pode deixar de lado responsabilidades e problemas do presente, mas a cura para muitos deles está no seu futuro, assim como sua esperança de desenvolvimento pessoal.

"Olhe para a frente – nunca para trás" é um conselho dado por pessoas sábias. Elas sabiam que o passado não pode fazer nada por nós, mas o futuro sempre tem uma promessa se, nas palavras de Peter Ibbetson, você "sonhar de verdade".

QUÃO GRANDE É SUA FÉ?

Por quanto tempo você conseguiria persistir num sonho, algo que você quisesse muito, se levasse alguns anos para virar realidade? Sua fé vacilaria? Seu entusiasmo se apagaria? Você concluiria que os obstáculos aparentes eram muitos, que jamais poderiam ser superados? Você cederia e aceitaria algo menor do que o que tinha visualizado inicialmente?

Faça essas perguntas a si mesmo, enquanto eu permito que Zora Adler, de Glendale, Califórnia, lhe conte sobre o sonho impossível que ela carregou na mente e no coração por 22 anos – e que ela e o marido, Dan, acabaram de tornar realidade. É uma das mais incríveis e inspiradoras demonstrações de visualização e fé, do espírito de não desistir, de harmonia e de cooperação, e do funcionamento perfeito da força interior, que eu já vi.

Eis a empolgante história da Sra. Adler, contada nas palavras dela.

"Acho que meu sonho começou mesmo 22 anos atrás, quando eu olhava para os morros acima de nossa casa em Glendale e dizia ao Dan, meu marido: 'Algum dia, vamos construir uma casa lá em cima'. Construímos mesmo uma casa, nove anos depois, a meio caminho de onde estávamos e do meu objetivo real. Mas eu ainda tinha o coração focado nas alturas. Algum dia, nós teríamos nossa casa onde eu a tinha visto de início. E, como eu notava que a maioria das pessoas anda preocupada, olhando para o chão, concluí que a resposta para isso seria levar minhas duas filhas para fazer trilhas nos morros, onde havia árvores e nuvens para fazê-las olhar para cima. Parece que tem tanta coisa para ver quando erguemos o rosto e o olhar.

"Foi numa dessas trilhas pelos morros que entrei num platô, do qual se via o vale de San Fernando, e Los Angeles, Long Beach e até Santa Monica Palisades – e senti um apego imediato ao local. Por impulso, por êxtase, eu disse às meninas: 'Vamos construir uma casa aqui!'. Elas ficaram muito empolgadas, pois, pequenas que eram, também amaram o lugar! Mas imagine eu dizer uma coisa dessas – ter uma ideia dessas – quando tínhamos acabado de concluir a casa nova, menos de três anos antes!

"Bem, voltamos correndo para casa, quase com receio de que acabasse o encanto antes que pudéssemos voltar e falar com meu marido, para lhe mostrar esse novo local para uma casa. Eu nem parei para pensar que ele podia ficar chateado com essa demonstração de interesse por outro lugar – e pensar que sua esposa era o tipo de mulher que nunca ficava satisfeita. Mas, em vez disso, para minha surpresa e alegria, ele foi até lá conosco e, assim que viu o topo do morro e a vista, disse: 'Vamos descobrir quem é o dono'. Isso foi treze anos atrás!

"Na manhã seguinte, fui à prefeitura de Glendale e descobri que o local era propriedade do casal Jennings, que morava em San Diego. Escrevi a carta usual de consulta e mandei – mantendo em mente o pensamento de que o terreno estava à venda e que nós poderíamos comprá-lo! Não sei como, mas, desde o início, nunca duvidei que aquele terreno seria nosso.

"Não fiquei nem um pouco surpresa quando o Sr. Jennings escreveu para nós, dizendo que podíamos comprar o terreno – mas o milagre ainda estava por acontecer. O preço estava bem acima do nosso orçamento, visto que estávamos pagando pela casa em que morávamos e pelo nosso negócio, e, pensando em ter mais filhos, achamos que não deveríamos dar esse passo largo. Mas todo domingo, à tarde, caminhávamos até o 'nosso terreno' e desenhávamos a planta da casa no chão de terra.

"Num desses domingos, comecei a dançar literalmente com as meninas e meu marido, pois tinha pensado num plano perfeito para a casa, e podia até vê-la ali, toda terminada! Um casal idoso tinha subido o morro, enquanto estávamos lá, e eu notei que eles nos olhavam. Após um tempo, eles vieram até nós, que estávamos preocupados com a nossa 'planta' desenhada na terra, e nós conversamos.

"'Vejo que estão desenhando a planta de uma casa', disse o senhor. 'Ah, sim, vamos construir uma casa aqui!', eu respondi. 'Estão interessados neste terreno?' 'Sim, muito – é o nosso terreno, onde vai ser nossa casa nova.' 'Que coisa mais interessante! Eu sou o Sr. Jennings, o dono deste terreno!' 'Bem, Sr. Jennings, que prazer em conhecê-lo – só que não vou retirar nada do que eu disse. Não vamos começar a construir, mas devo informar ao senhor que é exatamente isso que vamos fazer. Como há outros três terrenos, o que acha de vocês serem nossos vizinhos?' O Sr. Jennings sorriu e respondeu que seria uma alegria, e que construiria sua casa no terreno da frente, uns cinquenta metros abaixo do nosso.

"Ao longo de onze anos depois disso, o Sr. Jennings escreveu três vezes para nós, cada vez dizendo que ia vender os terrenos e que, se ainda estivéssemos interessados, que o avisássemos imediatamente. Eu sempre respondia que estávamos interessados, mas teríamos que esperar. Não tinha chegado a nossa hora – e acabei lhe dizendo que fosse em frente e colocasse o terreno para vender. Afirmei, no entanto, que achava justo avisá-lo disso, para que ele não perdesse tempo, que seria a nossa família que construiria uma casa ali, mesmo que ele vendesse o terreno, portanto provavelmente seria todo um processo inútil de compra e venda deixar que outra pessoa ficasse com o local. Nós dois rimos disso, mas ele não imaginava quão séria tinha sido essa minha fala!

"Quase onze anos se passaram, e então contatei o Sr. Jennings novamente, dizendo que estávamos prontos para comprar o terreno. Ele veio imediatamente a Glendale, e assinamos os papéis. Que sensação gloriosa que foi – e tamanha realização! Quando nos levantamos para sair do escritório, o Sr. Jennings pegou minha mão e disse: 'Sra. Adler, acho que você me azarou!'. 'Não, não, Sr. Jennings, eu não faria isso com ninguém.' 'Bem, para sua informação, acho que você deveria ficar sabendo que três vezes eu me sentei a uma mesa dessas para vender aquele terreno para outra pessoa – e alguma coisa acontecia, e os negócios davam para trás! Você me azarou, sim! Todos os outros terrenos foram vendidos, mas esse – o melhor de todos – pelo visto estava reservado para você.'

"Eu podia ter-lhe dito que tinha depositado tudo nas mãos de Deus uns treze, se não 22 anos antes, e que já sabia, então, que a nossa casa dos sonhos já era uma realidade!"

VOCÊ PRECISA TER FÉ INABALÁVEL!

"Mas ainda não acabou! Depois que compramos o terreno, finalmente, contratamos um empreiteiro. Ele deu uma olhada em nossas plantas e disse que, se não tivéssemos US$ 36 mil no bolso, não poderíamos construir essa casa. Eu ri e perguntei se ele conhecia alguém que tivesse todo esse dinheiro. Ele respondeu que o que havia de errado com gente como nós era que tinha ideias grandes, que devíamos procurar um arquiteto e lhe dizer quanto dinheiro tínhamos e deixar que construísse a casa de acordo com isso. Dissemos que, assim, não seria a casa que nós queríamos, e fomos embora. Olhe, eu ajudei a desenhar toda a planta, e não queria aceitar nada menos do que o que eu tinha visualizado.

"Enfim, um pouco desanimada, virei para o meu marido, que disse: 'Onde está sua fé? Vamos construir essa casa! Existem outras empreiteiras. Essa não é a que deve construir a nossa casa. Vamos procurar o Sr. Brown. Ele tem muita informação sobre essas coisas'.

"Fizemos isso – e o Sr. Brown nos apontou uma possível solução. Tudo nos levou para uma empreiteira que tinha a configuração exata de que precisávamos. Nossa casa ficou exatamente como planejamos – cada porta e cada prego –, e nos custou menos do que US$ 36 mil. Tudo é realmente possível com Deus!

"Agora que nossa casa dos sonhos está praticamente terminada, e estamos prontos para nos mudar, todo mundo que vem até a propriedade e vê a casa que teve Deus ajudando na construção comenta que há algo diferente na sensação do lugar. Não é uma casa, um terreno qualquer. Os trabalhadores foram todos muito gentis e viviam contentes, havia uma atmosfera de paz, contentamento e harmonia em todo canto.

"É interessante notar, também, que ter feito a compra no momento em que fizemos foi a melhor coisa. Valeu a pena esperar, pois, se tivéssemos comprado o terreno antes, não teríamos sido protegidos do jeito que fomos depois, temos até esgoto! E devo acrescentar que nosso terreno ficou, na verdade, US$ 3 mil mais barato que o terreno vendido logo depois – e você sabe, depois de vê-lo, que o nosso terreno no alto do morro é muito mais interessante do que qualquer um dos locais circundantes. Seria difícil convencer a nossa família de que existe parceiro melhor do que Deus e a força do Deus interior."

O que você acha, agora, dos "sonhos impossíveis"? Como a família O'Brien, a família Adler conseguiu sua "casa dos sonhos". Isso levou anos para acontecer. Eles não encontraram a casa pronta. Encontraram o local primeiro, depois criaram a casa na mente e desenharam a planta, e sustentaram o pensamento de que conseguiriam comprar o terreno que queriam, e obter o dinheiro, um dia, para construir a casa. Foi preciso ter fé e persistência inabaláveis, jamais perder de vista o objetivo, jamais se permitir ser perturbado ou mudar as imagens e os desejos iniciais, agarrar-se ao que eles queriam – não importava o que acontecesse.

Valeu a pena? Pode apostar! E você dirá a mesma coisa quando definir um objetivo na vida – seja ele qual for – e conjurar essa força criativa interior para servir a você, como ela serviu e continua servindo aos O'Brien e aos Adler deste mundo. A força nunca abandona você... se você não a abandonar!

Os Adler criaram as filhas para pensar do mesmo jeito que eles, imaginando felicidade, sucesso e boa saúde para si, para se livrarem do medo e pensamentos de preocupação, acrescentando a força da sua visualização às imagens mentais dos pais. Existe um enorme poder gerado num círculo familiar quando todos estão em harmonia. "Onde dois ou mais estão reunidos", as coisas acontecem!

Sopre o sopro da vida nos seus "sonhos impossíveis" acreditando neles, mantendo sua fé e seus sonhos inabalados, haja o que houver, e, no fim, se você perseverar, o que um dia foi sonho se tornará uma realidade gloriosa.

CAPÍTULO 7

UM, DOIS, TRÊS!

Vamos montar o cenário. Quero chamar sua atenção para o poderoso efeito da repetição, ou reiteração.

Por exemplo, pense numa britadeira. Você já viu uma dessas sendo usada para quebrar concreto sólido ou fazer furos no aço. É o bater dessa britadeira, com uma força incrível por trás, que causa a desintegração das partículas e cria um amassado ou furo no objeto.

Todos nós já ouvimos falar de um antigo método de tortura de pingar gotas de água na testa da pessoa. Talvez você conheça o poema "Boots", de Kipling. É a repetição do som das botas que deixa as pessoas loucas. É a repetição constante, sem fim, que penetra.

Embora talvez você entenda como funciona a repetição nas coisas materiais, talvez não compreenda totalmente a impressão tremenda que a repetição causa, também, na mente humana. Mas já faz muito tempo que você percebeu que o básico da propaganda é a repetição, o apelo da reiteração, os exemplos são diversos.

"Isso é a solução..." "Há uma razão..." "Eu andaria um quilômetro..." "Eles são agradáveis..." "Bom até a última gota..." E assim por diante, indefinidamente.

Os *slogans* são gritados nos seus ouvidos, cantados, encenados, desenhados – não há como escapar; pela repetição constante, os méritos anunciados de cada produto são enfiados na sua consciência até você quase começar a papaguear *slogans* enquanto dorme. Eles batem em você toda vez que você liga o rádio ou a televisão, ou folheia uma página de jornal ou revista, ou dirige pela cidade, pelas estradas, passa por *outdoors* que competem com o cenário, berrando assim: "Olhem para mim! Recebam a minha mensagem! Podem até passar por mim, se quiserem..., mas vão às compras depois!". Você olha para o céu e vê um avião passando com um letreiro de propaganda, "A pausa que refresca", ou um avião solta fumaça até escrever outra. Nos vagões do metrô, em bondes, ônibus, estradas, navios, táxis, automóveis, caminhões – em tudo que se move, até num animal de carga, você verá placas que anunciam alguma coisa. A poderosa força da repetição – repetição – repetição! Você pode até ter memória ruim, mas nunca lhe permitem que se esqueça de um produto anunciado.

Pense nisso. Pela ciência da repetição, você aprendeu o alfabeto, a multiplicação, as letras, dois vezes dois são quatro, tudo repetindo até que você pegou, ou foi pego!

Tudo que você memorizou na vida foi impresso na sua consciência através da repetição. Você é constantemente lembrado de reafirmar sua fé em sua crença religiosa. A mesma ciência, mais uma vez. Repetição, reiteração. Um, dois, três!

Arthur Schopenhauer dizia: "Não há absurdo tão palpável quanto o que é firmemente plantado na mente humana se você começar a inculcá-lo antes dos cinco anos de idade, repetindo-o constantemente com ares de grande solenidade".

A conexão entre a mente consciente e a subconsciente, ou subjetiva, é curta. Todo estudioso desse assunto sabe o que pode ser realizado contatando-se definidamente o subconsciente. Quando você coloca uma imagem detalhada e específica na sua mente consciente usando esse processo de reiteração, ou repetição, e faz a mente subconsciente funcionar, você tem, sob seu comando, o poder que impressiona.

Promotores habilidosos, advogados espertos apelam para as emoções do júri, nunca para o racional, a consciência. E como eles fazem isso? Simplesmente pelo processo de repetir e enfatizar, várias vezes, os pontos que querem salientar. Eles fazem isso usando palavras e variações de argumentos e tons de voz, tudo cheio de emoção. Por trás de tudo isso, existe aquele um, dois, três – aquele estimular do subconsciente – que faz o júri acreditar. Como ouvem a mesma coisa várias vezes... só pode ser verdade!

É importante se ater à sua ideia, uma vez que tem uma e acha que é a coisa certa. Repita-a várias vezes. Faça seu cônjuge ou um amigo próximo visualizar junto, estando ele em harmonia e tendo empatia por seus objetivos desejados. É assim que se gera energia.

Quando tiver a imagem firme na mente, comece usando esse sistema do um, dois, três, como eu delineei. É a repetição, a reiteração dessa imagem na mente subconsciente que fará com que a força criativa interior produza resultados para você.

As pessoas mais bem-sucedidas do mundo vivem diariamente com suas ideias. Elas têm em mente seus objetivos o tempo todo. Não se trata, no caso delas, de imaginar algo uma vez e depois esquecer. Não há uma abordagem mequetrefe. Elas não estão de brincadeira. Esperam alcançar seus objetivos, estão dispostas a trabalhar noite e dia, se necessário, para chegar lá, e têm fé de que essa força interior está trabalhando junto delas, dando-lhes orientação na forma de incentivo para seguir na direção certa, magnetizando condições, atraindo recursos e oportunidades de acordo com as necessidades.

Dá para medir a intensidade dos seus desejos, em comparação. Que preço, em esforço e sacrifício, você está disposto a pagar para obter as coisas que deseja na vida? Está disposto a tentar realizar algo várias vezes, até que, pela repetição, mesmo com algo que parece um fracasso, você ganha a experiência e a habilidade de realizar? Se sim, você só poderá ter sucesso. Nada poderá impedi-lo. Todos os obstáculos cederão à sua vontade, sua motivação, sua fé, sua força criativa dada por Deus, se você persistir. Mas você precisa entender que, no começo, não há como obter algo sem dar nada em troca. O Universo não funciona desse jeito. Você precisa entregar esforço e fé se quiser receber.

Um, dois, três – visualizando o que você quer várias vezes –, gotinha de água, a quebra incessante de ondas do mar na praia, o pisotear dos pés em escadas de pedra, causa e efeito, ação que traz uma reação. Não dá para notar no começo, mas as forças da natureza e da mente, centradas em qualquer obstáculo, podem mover esse empecilho com o tempo, ou desbastá-lo, transformá-lo.

JUNTE SEU PODER DE FÉ

A fé pode mover montanhas, montanhas de medo, dúvida e preocupação, fé repetida várias vezes – fé em si mesmo, fé no poder do Deus interior. É uma operação simples, silenciosa, recatada, quando você a olha, em qualquer momento, mas ao longo de muito tempo o que você alcança é de impressionar.

Agora, você é a soma daquilo em que acredita, bom e ruim; o que aceitou na mente, o que está motivando seus pensamentos e atos, como resultado das suas crenças. Conforme mudarem suas crenças, sua vida mudará com elas, pois a sua vida se baseia na fé.

Você tem fé, todos os dias, de que vai continuar respirando, que seu coração continuará a bater, que você está vivo e bem. Se essa fé vacila, sua saúde vacila. Você tem fé em tudo ao seu redor, seu trabalho, seus amigos, seu carro, seu futuro. Você aceitou tudo isso como parte da sua vida. Você visualiza uma continuação de tudo, do jeito que sempre foi. A cada dia, você acrescenta a repetição, em geral, de outra experiência similar. Você fica cada vez mais sintonizado com o que está fazendo, e isso pode ser ruim, se você estiver fazendo pouca coisa que vale a pena. Pode ser bom, se você estiver se aplicando como deveria.

Faça uma análise e certifique-se de que tudo que você está repetindo, dia após dia, está ajudando você a crescer em experiência, em habilidade, em realização, em satisfação pessoal e felicidade. Se não estiver, é melhor não continuar repetindo tais atividades e interesses. Talvez seja melhor se livrar deles e começar um novo ciclo de evolução para si mesmo.

Lembre-se de que o que uma pessoa faz uma vez ela fará de novo, pois é uma criatura de hábitos. Os pensamentos ruins são facilmente repetidos porque semelhante atrai semelhante. Quaisquer pensamentos que você trouxer para a consciência não se sentirão em casa, a não ser que possam encontrar pensamentos similares para fazer-lhes companhia. Que tipo de pensamento você vem tendo? São do tipo que pode levar a coisas que você não quer fazer, a experiências que não quer ter? Se sim, jogue-os fora, antes que fiquem enraizados demais através da repetição.

Uma pessoa que bebe demais tem dificuldade de parar de beber porque o hábito de beber foi impresso em corpo e mente por muito tempo. Ele se "vê" tomando mais um drinque tão vividamente que a tarefa de se imaginar não bebendo torna-se gigantesca.

As imagens de si mesmo que você mantém em mente hoje tem a ver somente com seu passado. Se não assumir o controle e criar novas imagens para si, você apenas repetirá amanhã o que fez hoje e ontem.

A maioria dos seres humanos, infelizmente, está numa esteira de criação própria, e vai parar, todos os dias, no mesmo lugar em que estava ontem, embora parecendo que progrediu porque estava em movimento. Mas esse carrossel sempre vai parar no mesmo lugar, a não ser que você entenda para onde está indo, saia dessa plataforma giratória, visualizando uma nova direção e um novo propósito na vida, e depois pegue a estrada rumo a mais e mais felicidade e sucesso, algo que jamais se pode alcançar num carrossel.

Um, dois, três! Esse movimento repetitivo na sua consciência está produzindo mais do mesmo para você, ou é do tipo de estímulo – repetição de imagens – que está imprimindo pensamentos certos e ações certas no seu subconsciente?

Só você sabe disso. Só você pode fazer algo com isso! Aprenda a usar o grande poder da repetição do jeito certo, e todas as coisas serão acrescentadas em você.

CAPÍTULO 8

OUÇA A VOZ INTERIOR

Mahatma Gandhi, ao chegar à Inglaterra para buscar uma solução para os problemas da Índia, disse: "Estou fazendo isto porque uma voz fala dentro de mim".

Gandhi se referia àquele "algo" interior. Chame de força, chame de algo sobrenatural, chame do que quiser. Alguns se referem a isso como mente subjetiva. Outros chamam de mente subconsciente. Alguns, de pensamento universal. Outros, ainda, se referem aos impulsos que vêm de dentro como palpites. Mensagens divinas. Os espiritualistas se referem a isso com a voz do além. Não importa o que seja, ele traz resultados, e você deveria aprender a adquiri-lo.

Não estou falando de uma voz que se ouve vinda de fora. Tenho certeza de que Gandhi também não quis dizer isso. Mas "algo" de dentro falou com ele, sem engano, reconhecível, positivo; e quando falou, Gandhi seguiu as direções que recebeu, seguiu-as até a Inglaterra, e as teria seguido para qualquer lugar. Ele sabia que podia depender dessa "voz interior" para ser orientado, que, quando se preparasse adequadamente para "ouvir" essa voz, ele poderia aguardar, com expectativa e confiança, uma mensagem clara.

Gandhi não tentou forçar essa "voz" a falar com ele em certo tempo, ou influenciar o que ela ia dizer com suas fantasias. Gandhi era um líder espiritual de grande humildade e altruísmo. Sempre colocava propósitos e princípios acima de necessidades ou desejos pessoais. Nisso estava o grande poder que ele exercia sobre governos e pessoas. Não havia nada que pudessem lhe oferecer, exceto justiça. Todos sabiam que não poderiam barganhar; que, quando ficassem diante desse homem santo, teriam de encarar a verdade. Não importava quanta pressão tentassem fazer sobre Gandhi, ele não movia um dedo enquanto a "voz interior" não falava.

Será bom, para você, cultivar essa "voz". Todos os grandes homens e mulheres a ouvem. Podem não descrever essa orientação interior nas mesmas palavras, e a "voz", para eles, pode ser uma sensação ou convicção indefinível, que sempre vem quando decisões importantes têm que ser tomadas, se eles se aquietam por fora e por dentro e apenas ouvem.

É difícil ouvir! Quando criança, você deve ter sentido que tinha que gritar e fazer um escarcéu para que alguém lhe desse atenção. Como adulto talvez você tenha obtido algum sucesso no mundo, sobrepondo-se ou dominando. Se sim, desenvolver a arte de ouvir, com o ouvido interior e a mente interior, em busca de aconselhamento que vem do seu eu profundo, a parte de Deus em você, uma inteligência maior, ou seja lá como você prefira chamar, não será fácil.

O finado Thomas A. Edison era adepto de ouvir essa "voz interior". Quando estava trabalhando numa invenção, tentando chegar à ideia básica que faria a invenção funcionar, acumulava todos os fatos conhecidos com sua mente consciente e, em seguida, se deitava num banco ou sofá, no laboratório, e esperava que a ideia aparecesse "feito um lampejo, do nada".

Os assistentes de Edison continuavam com seus afazeres, enquanto o "velho" tirava uma "sonequinha". Mas Edison logo se levantava, com a resposta. Às vezes, ele precisava tirar várias dessas "sonequinhas" antes que lhe viesse a resposta, mas ela sempre vinha desse jeito, quando Edison estava preparado, através de pesquisa adequada, e tinha estimulado a força criativa o suficiente, para que lhe fornecesse a resposta.

COMO THOMAS EDISON FEZ ISSO?

Um artigo de jornal de 21 de outubro de 1931 conta como Thomas Edison, trabalhando com seus dois parceiros de mais de cinquenta anos, Fred Ott e Clarence Dally, finalmente descobriu o segredo de produzir borracha sintética.

Dizia o artigo: "Na segunda-feira, [o Sr. Edison] começou a entrar num estupor. [Estava dando à 'voz interior' uma oportunidade para falar com ele.] Mas Dally e Ott ainda trabalhavam sem parar em seus experimentos. Na noite de terça, a solução apareceu feito lampejo, saída do misterioso nada". Essa foi uma forma interessante de se referir à mente de Edison e seus parceiros!

O que aconteceu, muito basicamente, foi que a força criativa dentro da mente desses três cientistas finalmente produziu a resposta que vinham buscando. Essa resposta veio como um "raio saído do nada". Não foi resultado de pensar ou cogitar consciente. Bum – e lá estava! A voz interior tinha falado, cristalizando e destilando todo o trabalho anterior, agora estocado na consciência, e apresentando a esses homens, num lampejo, a resposta para o problema: como produzir borracha sintética.

Essa voz sempre fala quando você define, na mente, o que quer e quando vai atrás disso. É somente quando está indeciso, perturbado, chateado, preocupado, duvidoso ou temeroso que você não consegue ouvir a "voz interior". Desse jeito, você a afoga em estática e interferência.

Se sua voz interior sugere que você peça algo, não se impeça de pedir. Não há o que temer. O outro nunca ajudará se não souber do que você precisa, então você deve pedir. Ou, se acha que deveria falar com alguém sobre algo, não hesite. Vá e fale!

Um homem escreveu para mim, da Inglaterra, dizendo que vinha lendo *The Magic of Believe* (A magia de acreditar) e que o livro tinha mudado sua vida. Ele disse: "Eu estava sendo usado por uma pessoa, de modo indireto, para fazer algo em que eu não acreditava. Eu estava bem descontente com isso, mas não queria irritar a pessoa. (O medo, veja, me conteve.) Muito de repente, enquanto eu cuidava do jardim e pensava nessa situação, algo pareceu vir para cima de mim – uma voz interior falou e me deu ordens, e eu não tive mais medo. Larguei a enxada e fui dizer a essa pessoa o que eu achava, e, como resultado, consegui pôr fim a essa perseguição. Pode acreditar: tenho me sentido como outra pessoa desde então!".

APRENDA A RECONHECER SUA VOZ INTERIOR

Quando a "voz interior" realmente fala, isso é um sinal de que você está pronto para agir. Largue sua enxada, como fez esse homem da Inglaterra, ou qualquer coisa que estiver fazendo, e faça o que você se sentir impelido a fazer. Mas se certifique de que aprendeu a reconhecer a "voz interior" e que não é somente sua fantasia, sua imaginação ou seus medos falando.

Joana D'Arc era apenas uma camponesa francesa, mas ouviu a "voz" falar. Seguindo essa orientação, ela inspirou os franceses a expulsarem os ingleses de Orleans e permitiu que Charles fosse proclamado rei em Reims.

Jesus ouviu "a voz de Deus falar com ele" e agiu segundo essa orientação interior para liderar toda a humanidade rumo a avanços espirituais mais elevados.

Abraham Lincoln, na calada da noite, nos momentos críticos da Guerra Civil, ouviu a "voz interior" e, por causa das mensagens que recebeu, chegou a muitas decisões importantes que salvaram a nação.

Os personagens de Mark Twain conversavam com ele. Em sua mente, ouvia os diálogos travados por eles e simplesmente os escrevia. Mark Twain depositava muita confiança em seus poderes intuitivos, acreditava em palpites e sempre ouvia a "voz".

Para tirar ideias de sua mente subconsciente, ou subjetiva, você precisa ser capaz de tornar receptiva sua mente consciente. Claro que todos nós sabemos que é a mente consciente que raciocina, que mede, que calcula. A mente subconsciente não faz nada disso. Ela apenas passa ideias para a mente consciente.

Provavelmente você já ouviu dizer que devemos seguir nossos palpites. O que são esses palpites? De onde eles vêm? Eles vêm do trabalho da mente subconsciente. Os psicólogos nos dizem que, para colocar a mente humana numa condição receptiva, é preciso relaxar. Se alguma vez você já se deitou na mesa de massagem e o massagista mandou que relaxasse, sabe do que estou falando.

Deixe o corpo ficar mole. Se tiver dificuldade no começo, tente com seu braço, os dois braços, as duas pernas, até que todo o corpo se entregue e relaxe. A mente se entregará também, automaticamente. Quando chegar a esse ponto, concentre-se no que você quer, e então virão os palpites. Agarre-os, execute-os conforme manda essa voz. Não argumente, não discuta; faça como mandam e imediatamente.

E o que os psicólogos, os místicos e os estudantes querem dizer quando mandam você parar e relaxar – não pensar em nada –, quando você quer acessar o subconsciente e fazer essa voz interior falar. Conforme progredir mais, você começará também a entender o que os videntes do Oriente tinham em mente quando diziam: "Fique tranquilo, medite, entre no grande silêncio, continue a meditar, e seus problemas se dissiparão no nada".

A estrada adiante ficará iluminada, e seus fardos cairão, um por um. Existe algo mais claro do que o progresso do peregrino? Minha mensagem não é diferente da que Bunyan transmitiu nessa história. Como disse antes, só estou falando disso com palavras diferentes.

A "voz interior" pode guiá-lo, durante o sono ou na vigília, se você se treinar para confiar nela. Uma jovem dona de casa de Fort Worth, Texas, acordou, certa noite, com uma sensação de grande urgência. A "voz interior" lhe mandou se levantar e checar o apartamento. Seu marido e seu filho estavam dormindo, tudo parecia estar bem, mas ela não conseguia se livrar dessa sensação de inquietude e apreensão. Para acalmar os nervos, saiu da cama e se viu indo na direção do banheiro. Parecia estar tudo certo, mas ela achou que tinha que dar a descarga. No instante em que ela fez isso, subiu um jorro de água quente, seguido por nuvens de vapor. Os canos começaram a pulsar. Ela acordou o marido, e ele ligou em busca de ajuda bem a tempo. Havia algo de errado com o termostato, no porão, e, se isso não tivesse sido descoberto, o aquecedor teria explodido em questão de minutos e destruído todo o apartamento.

SIGA AS RECOMENDAÇÕES DA SUA VOZ

Dê ouvidos a seus palpites sempre que vierem. Não ignore a "voz interior". Sua mente interior está ciente das condições e coisas de que sua mente consciente não tem a menor ideia.

Você já ouviu as pessoas comentarem algo como: "Alguma coisa me disse que eu devia tomar cuidado com essa pessoa", ou "Eu devia ter feito isso", "Eu devia ter feito aquilo, mas não prestei atenção, até que era tarde demais. Queria ter seguido esses palpites e sensações".

Lá está ele – esse "algo" – tentando servir a você de muitas maneiras, mas você precisa deixar. Uma viúva que queria encontrar o homem certo e se casar de novo tinha vontade de sair da cidade de Nova York, ir para a Califórnia e lá comprar uma casa. Ela foi visitar amigos em Long Beach, que a levaram para conhecer terrenos à venda. Ela se apaixonou por uma casa de propriedade de um viúvo que, por sua vez, se apaixonou por ela. Em vez de comprar a casa, ela se casou com o viúvo, e acabou ficando com a casa também. Eles formam um dos casais mais felizes que eu conheço. Nesse caso, a "voz interior" a guiou por quase cinco mil quilômetros para lhe dar uma resposta para seu desejo.

Mas não viaje essa distância toda na expectativa de encontrar amor, a não ser que você receba a mesma orientação clara que veio para essa mulher. Seu amor pode estar logo ali na esquina, esperando um ônibus, numa loja, na sala de espera de um dentista, num parque, numa biblioteca, num evento social. Mas se você imaginar encontrar o homem ou a mulher certa para você, com muita força e persistência, sentirá a vontade de estar no lugar certo, na hora certa, para que vocês dois possam ser reunidos. Lembre-se! Semelhante sempre atrai semelhante! E alguém está procurando você com a mesma avidez com que você está procurando essa pessoa. Como suas mentes subconscientes não são limitadas por tempo ou espaço, vocês farão contato, cedo ou tarde, e a "voz interior" dirá a cada um que vocês acabaram de encontrar a pessoa certa.

VOCÊ NÃO EXATAMENTE "OUVE" A VOZ INTERIOR

Ocasionalmente, encontro pessoas que me dizem, com toda a seriedade, que "ouvem vozes". Isso é muito diferente de ouvir a "voz da orientação", e em geral é sinal de uma condição alucinatória que a pessoa desenvolveu por algum problema emocional ou aflição nervosa. Um estado como esse não é desejável, e devemos nos proteger dele.

Essas vozes são tão "reais" para as pessoas que as ouvem que estas ficam convencidas de que foram tomadas por alguma entidade desencarnada ou algum indivíduo da vida real que exerce controle sobre elas. Quando existe essa condição, em geral as pessoas ficam aterrorizadas com isso.

Eu estava no escritório de Johnny Neblett, comentarista de rádio, certa vez, em Chicago, quando uma jovem atraente entrou, sem ser anunciada, e lhe disse: "Bom, eu vim. Você estava chamando, e eu vim. O que deseja de mim?". O Sr. Neblett ficou olhando admirado para a moça, então concluiu que só podia ser algum tipo de brincadeira e riu. "Não tem do que rir", disse a moça, muito irritada. "Não consigo dormir à noite. Você fica falando comigo. Eu ouço a sua voz o tempo todo. Você precisa parar com isso. Está me deixando louca!"

Isso deixou Johnny sério no mesmo momento, e ele se voltou para mim, para ajudá-lo. "Esse homem é psicólogo", ele disse, me apresentando para a moça. "Eu não fico te chamando nem falando com você. Eu nunca tinha te visto na vida. Com certeza, isso é coisa da sua cabeça. Ele pode explicar tudo isso a você."

E, fácil desse jeito, eu recebi essa tarefa. Essa jovem, muito obviamente, era desequilibrada emocionalmente e tinha desenvolvido uma fixação nesse comentarista, por ouvi-lo no rádio. Algo na voz dele chamava a atenção dela, incitava-a emocionalmente, e ela tinha se hipnotizado e achado que estava ouvindo a voz dele "dentro da cabeça", como dizia. "Se eu penso nele o tempo todo, então devo estar com ele", ela insistia. "Ele está mentindo. Ele me quer, sim. Ele me atraiu telepaticamente. Não é preciso que tenha me visto antes. A mente dele é tão forte que ele consegue me alcançar e me forçar a fazer o que ele quer."

Levamos muitas horas para convencer essa moça de que a voz que ela achava que ouvia era uma criação de sua consciência perturbada emocionalmente. Durante esse tempo, ela acusou o comentarista de ter controle sobre ela e exigiu que ele a "libertasse". Quando finalmente voltou a si e saiu, consideravelmente constrangida, desculpando-se pelo transtorno que causara, e me agradecendo por libertá-la da ilusão, meu amigo comentarista quase teve um colapso nervoso. "Mais um caso como esse", disse, "e eu desisto do rádio!"

Eu cito essa experiência para deixar muito, muito claro que a "voz interior" não tem conexão alguma com esse tipo de voz. Não é uma voz, na verdade, no sentido exterior da palavra. É uma inteligência, uma ideia ou um conhecimento súbito, um lampejo de intuição que se comunica com você, vindo da mente subconsciente, e lhe dá uma vontade, uma sensação clara do que fazer ou dizer ou em que direção seguir com relação a algum problema ou situação.

Você pode, com um pouco de prática e treinamento, distinguir um palpite ou a "voz interior" daquilo que você sente quando a sua imaginação ou a fantasia tentam inventar alguma coisa para você. Essa diferença em sentimento não pode ser posta em palavras, mas você a reconhecerá. Não se permitirá ser arrastado por impressões equivocadas. Saberá, bem lá no fundo, quando seu verdadeiro eu está falando com você, do centro do seu ser, o centro criativo.

Então, como Gandhi, você agirá com confiança, ao deparar com qualquer experiência de vida, como estas devem ser encaradas, dizendo a si mesmo: "Estou fazendo isto porque uma voz fala dentro de mim".

CAPÍTULO 9

DECIDA O QUE VOCÊ QUER

Não há ser humano mais triste do que aquele no qual nada é mais habitual que a indecisão.

WILLIAM JAMES

Não há como contradizer que, uma vez que você resolve, na mente, que vai fazer alguma coisa, isso será feito. Mas o problema para a maioria de nós é que nós nos desviamos, vacilamos, retrocedemos, rodeamos e raramente decidimos fazer o que queremos ou determinamos claramente a estrada pela qual queremos seguir.

Tudo com que sonhamos e o que desejamos poderia se tornar realidade se mantivéssemos tudo isso constantemente diante de nós, se abandonássemos o medo, afastássemos todas as reservas, as dúvidas. Repito que muitos de nós acham que sabem o que querem quando, na verdade, não sabem. Isso soa paradoxal, mas, se todos nós soubéssemos o que queremos, nós o conseguiríamos, contanto que tivéssemos a força de vontade, o ânimo, a força dinâmica, o esforço para correr atrás.

O mundo é dividido em duas classes de pessoas: as que dizem "vou fazer!" e as que dizem "será que devo fazer?"; e essa última classe inclui a maioria.

Quantas vezes você disse consigo: "Será que devo fazer isso?". Mais vidas humanas foram destruídas no lodo da indecisão do que por qualquer outro motivo.

Aquele "algo" – a força criativa interior – não pode atrair as coisas magneticamente para você se não for magnetizado pela sua decisão. Um ímã não consegue atrair em duas direções ao mesmo tempo. Sua força magnética deve ser centralizada num objeto definido. Isso pode ser demonstrado passando-se um ímã por cima de uma pilha de clipes de papel. Quando você aponta a parte magnetizada do ímã por cima de qualquer ponto específico da pilha, os clipes são atraídos no mesmo instante até ali. Se afastar o ímã desse ponto, seu poder diminui em proporção à distância e à direção.

Quando se puxa para longe de si mesmo, mental e emocionalmente, você está confundindo, pondo num impasse e até destruindo suas forças magnéticas de atração, enquanto fizer isso. Uma condição desestabilizada de mente e corpo só pode atrair condições desestabilizadas. Não tem poder para atrair qualquer outra coisa.

O grande lamento de milhares e milhares de seres humanos é este: "Não consigo tomar uma decisão!". Esse é um dos lamentos mais tristes que pode vir do coração do homem, porque soa como a sentença de morte da esperança, da ambição, da autoconfiança, da iniciativa, da realização. Enquanto não consegue tomar uma decisão, você fica comparativamente incapacitado, não pode se mover para direção alguma com confiança, ou com alguma sensação que seja de segurança.

"Minha mente é como uma cama desarrumada", uma mulher me disse, certa vez, "é uma bagunça. Tenho medo de arrumar – tenho medo de tocar – por medo de deixar tudo pior ainda. Acho que vou deixar como está".

Você deseja continuar onde está agora? Se sim, não tome decisão alguma. A não ser que mude seu jeito de pensar, você ficará na mesma posição em que se encontra. Ou isso, ou você afundará para uma posição inferior, porque nada fica parado na vida. Ou sobe ou desce. O metal enferruja se não fazemos nada para mantê-lo polido e livre de forças desintegradoras.

Você não pode ficar para trás na parada da vida. Precisa continuar em frente, pelo seu próprio bem, em qualquer idade. A natureza abomina qualquer coisa que desiste de sua utilidade. Os urubus estão sempre esperando para fazer uma limpeza nas formas de vida que desistem da luta. Isso lhe parece muito macabro? A intenção não é essa. Algo foi providenciado para cuidar de tudo, em todos os diversos estágios de atividade da vida e do que é chamado de morte. No seu corpo, milhões de células velhas estão morrendo, e novas células estão nascendo o tempo todo. Você não tem ciência disso.

O mesmo vale para as ideias. Enquanto cresce em experiência, você mata ideias velhas na sua mente e dá à luz novas ideias. Se você não faz isso, as ideias velhas e ultrapassadas entopem a sua mente, desaceleram seu pensamento, enferrujam seu cérebro, retardam seu progresso e, no fim, o impedem de seguir em frente.

Se você tem percebido que não consegue tomar decisões como costumava fazer, isso provavelmente acontece porque está lutando com ideias velhas, padrões velhos de pensamentos, hábitos e desejos velhos que não consegue abandonar, mesmo quando sua "voz interior" manda jogá-los fora, sair do buraco e começar a fazer o que, no interior, você sabe que devia estar fazendo.

"Você chegou ao Mar Vermelho da sua vida,
No qual, apesar de tudo que pode fazer,
Não há como escapar, não há como voltar,
Não há outro jeito senão atravessar?"

ANNIE JOHNSON FLINT

Se esse é seu estado de espírito, sua situação na vida, neste momento, isso é ótimo! Se você está contra a parede, se tem sido empurrado pela indecisão e por circunstâncias de criação própria, consciente ou inconsciente, até onde aguenta ir, então "não há outro jeito senão atravessar".

Portanto, encare a realidade. Reoriente-se, reorganize suas forças dispersadas, tome uma decisão e vá em frente!

DECIDA – DEPOIS, ENTRE EM AÇÃO!

Muitas pessoas chegaram a um aparente limite de tolerância e descobriram uma força renovada esperando por elas nos momentos de necessidade e desespero, assim que tomaram uma decisão positiva – uma vez que disseram a si mesmas, com convicção: "Vou encarar. Vou passar por isso!".

Não existe "tarde demais" no qual aquela "coisa", a força criativa interior, não possa ser magnetizada pelo pensamento certo e pela decisão correta e lhe dar a força e a sabedoria para se resolver.

"Deus falou comigo no meu maior momento de necessidade", testemunharam milhares de pessoas gratas. Elas querem dizer que finalmente foram motivadas a conjurar seus recursos interiores, concedidos por Deus, após tentar todas as outras coisas e fracassar. E a força interior que elas poderiam ter usado, nesse tempo todo, atendeu ao chamado.

Não cometa o erro de achar que você poderá ter sucesso usando apenas sua mente consciente. O egoísta gosta de fingir que fez tudo sozinho, por pura força de vontade e esforço físico. Ele dá a si mesmo um tapinha nas costas e diz: "Olhe só para mim. Conquistei tudo sozinho!". Mas deixe que esse egoísta sofra um revés que seja nos negócios ou na vida pessoal, e veja seu ego murchar. Ele vai andar por aí cabisbaixo, com os olhos fixos no chão, murmurando consigo: "Não entendo como isso pôde acontecer comigo!".

Ah, sim, você pode chegar a algum lugar com sua motivação física, com conivência consciente, manipulação, esperteza, engano e a filosofia do "quem indica". Mas o que você ganha pela força, você acaba perdendo pela força. Você não tem o poder de manter. Outra pessoa, usando a mesma tática de concorrência, chuta você para fora da estrada ou passa por cima feito um rolo compressor. Então, como você usou errado seus verdadeiros poderes interiores – se é que os usou –, você já era! Pela primeira vez na vida, talvez, você fica com medo. Não tem mais fé nos métodos que empregou para chegar aonde está, e tem pouca ou nenhuma fé no próximo ou em Deus. O mundo se torna um lugar desolado, e você é a criatura mais abandonada nele. E o pior de tudo, sua confiança em si mesmo e em tudo mais fica tão estilhaçada que você não consegue decidir o que fazer com isso.

PARE DE LAMENTAR SEU DESTINO – FIQUE CIENTE DE SI MESMO!

Você só tem duas escolhas: subir ou descer. Pode começar a beber ou se levar a um colapso nervoso daqueles ou zanzar por aí o resto da vida, resmungando sobre "como poderia ter sido" se você tivesse vivido de outro jeito, mas dizendo a si mesmo que "agora é tarde demais".

Mas se você faz parte daquela porcentagem menor de pessoas que ficaram cientes de si mesmas, descobre que nunca é tarde demais para entrar no caminho certo. Descobre que andou deixando de lado a mais maravilhosa força da sua vida, a força criativa interior, que sempre esteve pronta e disposta, o tempo todo, a servir a você.

Uma sensação profunda de humildade o toma, e você larga suas atitudes falsamente assumidas de egoísmo e egocentrismo para sempre. Uma vez que chega à base, você descobre que tem uma fundação sobre a qual construir, que pode dar um jeito na vida de novo e fazer algo com ela, algo melhor do que o de antes, talvez não tão chamativo ou gritante, mas muito mais valoroso, satisfatório, saudável e prazeroso. Agora, finalmente, pode decidir o que é melhor para você, sem se preocupar com o que o outro vai fazer com você, a não ser, talvez, que você faça para ele primeiro. Você recebeu a segurança interior de que tudo de que precisa pode e será fornecido pela sua força criativa, se você se mantiver sintonizado com ela e dirigi-la pela visualização mental correta. Não só isso: você descobre também que deixou passar muitas coisas na vida, de valor bem maior do que várias das coisas que achava que tinha que ter algum tempo atrás.

Talvez, num sentido mais radical, você não caiba nessa categoria que acabei de descrever. Porém, num sentido menor, todos nós cabemos. É algo humano cometer erros, permitir que certos desejos emocionais nos controlem, nos levem para longe de nossos propósitos reais e nossas potencialidades na vida.

"Eu sabia que não devia, mas fiz aquilo mesmo assim." Isso é o que dizem muitas pessoas, mais tristes e sábias, depois que tomaram o controle de si mesmas e pararam de evitar o estilo de vida equilibrado, feliz e saudável.

Se chegou ao momento de ter esse estalo, agora é a hora. Não há outro momento, senão este. Se não fizer isso agora, você não fará nunca. Chegou o seu momento de tomar uma decisão! "Não há como escapar, não há como voltar; não há outro jeito senão atravessar." Mergulhe! Saia dessa! Encare o que tiver que encarar – e supere isso. Quanto mais você demora, mais difícil fica.

A DECISÃO SEMPRE MAGNETIZA!

A decisão inicia uma ação magnética imediata na sua mente, que rearranja os filamentos da sua vida, arruma os pedaços quebrados, junta tudo num tecido novo, fortalece os pontos fracos, e lhe dá vitalidade e determinação novas para fazer o que a "voz interior" dita. Siga a orientação do seu verdadeiro eu interior, siga as instruções dele, por mais difícil que possa parecer no momento, peça perdão para todos aqueles com quem você errou, limpe todos os ressentimentos e ódios passados, livre sua consciência de medos e inibições passados, para que a sua mente possa se tornar um canal para bons pensamentos e começar a ajudar você a atrair coisas boas para si.

Livre-se para sempre da indecisão de David Harum: "Sim, e não, talvez sim e talvez não!". Isso nunca levará você a lugar algum. Quem é que quer viver essa vida triste de "sim, e não", e "talvez sim, e talvez não"?

"Prefiro tomar uma decisão errada e fazer algo sobre isso do que não tomar decisão nenhuma", me disse um executivo de sucesso. "Se estou alerta, em geral consigo dizer se uma decisão está certa ou errada, antes que isso me faça muito mal – e, com essa decisão errada, eu tenho a sabedoria para tomar uma certa. Mas se não tomo decisão nenhuma, não chego a lugar algum."

É preciso ter coragem e fé para tomar decisões, mas a pessoa contente, íntegra, é aquela que ousa agir, sem hesitação, com base no melhor julgamento ou intuição do momento.

Dizem que Joseph Addison falava: "A mulher que delibera está perdida".

O QUE FAZ A INDECISÃO!

Estou pensando, agora, numa mulher que estava apaixonada por dois homens ao mesmo tempo. Os dois queriam se casar com ela, e ela os manteve na espera, incapaz de se decidir entre eles, por mais de um ano. Finalmente, ela fez uma escolha, mas confidenciou à mãe, no dia do casamento, que temia ter cometido um erro. Ela levou essa incerteza para o casamento, sempre se perguntando se não teria sido mais feliz com o outro homem. Esse estado mental de "será isso, será aquilo" perturbou a moça emocionalmente, e se refletiu na relação sexual dela com o marido. Ela ficou frígida, preocupada com a decisão que tinha tomado, com receio de confessar o que sentia ao parceiro. Porém, uma noite, em total exasperação, ele explodiu: "Queria que você tivesse se casado com o Bill!". E, por impulso, ela disse que concordava.

Liberar essa tensão, trazer o assunto à tona, ajudou a moça a encarar a si mesma. Ela percebeu que vinha criando para si mesma uma realidade fictícia, que a qualidade de sua decisão a tinha feito dividir seus sentimentos entre dois homens, e, se alguma coisinha desse errado na associação entre ela e o homem que tinha escolhido, ela imaginava, para proteger-se da mágoa, uma relação perfeita entre ela e o homem com quem ela não havia se casado.

"Agora, eu tenho certeza de que amo você", ela disse ao marido, "que não cometi um erro quando algo dentro de mim me disse que eu devia escolher você. Perdoe-me por ter sido tão tola e imatura com essas coisas – mas é muito difícil romper com os hábitos de toda uma vida!"

TOME UMA DECISÃO POSITIVA AGORA MESMO!

Se você está nas mãos da indecisão, rompa com esse hábito de toda uma vida. Do contrário, você será triste para o resto da vida, e sua porcentagem de decisões erradas atrairá muitas outras condições erradas para você.

A "voz interior" não consegue se comunicar quando você está num estado de indecisão emocional e mental.

Um pastor, parente meu, ficou perturbado mentalmente quando era rapaz. Seus estudos o levaram a duvidar de certas partes da Bíblia. Ele começou a se censurar por ensinar algo em que não podia acreditar mais. Isso gerou um conflito dentro dele, um duvidar que era uma praga: "Estou fazendo certo ou errado, continuando no ministério?". Finalmente, ele desenvolveu asma e tinha ataques bem na hora de subir ao púlpito, no domingo. Era o jeito da natureza de impedi-lo de dizer coisas que ele achava que não devia dizer. O corpo dele estava refletindo uma condição da mente dele. Finalmente, ele renunciou ao ministério, alegando problema de saúde, sem confessar suas dúvidas com relação à religião nem mesmo para a esposa. Por trinta anos, esse homem inteligentíssimo levou uma vida de tortura. Os ataques de asma ficavam mais severos nas vezes em que ele se debatia consigo sobre pecados de omissão e concessão. "Fiz certo ou fiz errado?"

Tive uma conversa com esse parente perto do fim de sua vida. Ele disse que tinha de tirar algo da cabeça. Quando me contou o que o vinha perturbando por todos aqueles anos, me perguntou se eu achava que ele seria condenado por isso. Eu lhe garanti que eu acreditava que a Força de Deus, neste Universo, era grandiosa e compreensiva demais para condenar ou danar qualquer ser humano, que todos nós cometemos erros, que esse era o único jeito de crescermos, através dos erros. Então, ele me disse: "Ah, se ao menos eu pudesse reviver minha vida. Eu teria largado a Igreja, e teria me dedicado a escrever, e expressado minhas convicções, honestamente, abertamente, porque agora eu vejo, tarde demais, que muitas pessoas têm pensado como eu pensava. Mas eu deixei medo, indecisão e autocondenação me deterem de fazer o verdadeiro trabalho da minha vida!".

Muitas pessoas, quando confrontadas com dois possíveis cursos de ação, e sem ter certeza de qual é o certo, tentam fazer os dois – e, em geral, se dão mal. Ninguém nunca conseguiu ir muito longe em duas direções ao mesmo tempo. Você precisa fazer uma escolha, e, em geral, poderá fazer a escolha certa se deixar que a "voz interior" o guie. Mas é sempre tentador ouvir a voz de nossas emoções, nossos desejos pessoais ou preconceituosos – que quase sempre nos desviam do caminho.

Shakespeare fez Hamlet dizer o que muitos de nós, com a mente perturbada, disseram:

> "Ser ou não ser: eis a questão: será mais nobre
>
> Em nosso espírito sofrer pedras e setas
>
> Com que a Fortuna, enfurecida, nos alveja,

> Ou insurgir-nos contra um mar de provocações
> E em luta pôr-lhes fim?"

(E depois a paráfrase:)

> "... terror de alguma não sabida coisa
> [...] Este nos leva a suportar as dores
> Já sabidas de nós, em vez de abrirmos
> Caminho aos males que o futuro esconde..."

Quão fácil, para nós, quando somos assediados por males de um ou outro tipo, é imaginar males ainda maiores, e resolver suportar os males que temos em vez de tentar nos elevar para acima deles, e, assim, tememos, encontrar "males que o futuro esconde".

A decisão nasce da coragem, e a coragem brota da fé em si mesmo e na Força do Deus interior. Por que imaginar a continuação de problemas e condições que estão à sua volta agora?

Resolva se livrar deles mudando, por determinação, as imagens, dando, assim, àquele "algo" interior a força para mudar seu futuro – para melhor.

CAPÍTULO 10

ESCREVA

O que seus olhos veem e seus ouvidos ouvem, se for visto e ouvido o bastante, você se lembra, e isso passa a fazer parte da sua vida.

Cientistas e marqueteiros reconhecem esse fato em seu uso de recursos visuais e gravações para impressionar a mente de diferentes grupos de pessoas.

Algumas são influenciadas mais pelo que veem, outras, pelo que ouvem. Isso depende de qual sentido desenvolveram o hábito, na infância, de utilizar mais.

Você pode estar viajando de carro com alguém e notar coisas, ao passar, que a outra pessoa não vê. Ela não é treinada em observação, como você, mas talvez lhe diga: "Você ouviu isso?". E talvez você responda que não, nem sabe o que é. Há diversos graus de sensibilidade em visão e audição.

"Eu era tão criticado quando criança por não querer ouvir o que diziam sobre mim, então atualmente não ouço tão bem quanto sei que deveria", um homem me disse, uma vez. "Quando eu era menina", relatou uma mulher, "eu vi algo que não devia ter visto. Isso me chocou tanto que, desde então, tenho medo de usar meus olhos mais do que preciso, para ver o que tenho que ver. Reparo que não presto atenção em muitas coisas que ocorrem ao meu redor, porque, por dentro, acho que não é da minha conta, e que eu não deveria estar prestando atenção".

As inibições são uma das maiores pragas autoinfligidas da raça humana, mas todos nós temos um pouco delas, de uma forma ou de outra. É quase impossível não ter alguma durante o processo de crescimento.

Como adultos, no entanto, deveríamos ter a inteligência para reconhecer e eliminar o máximo possível dessas amarras emocionais, para podermos nos livrar de sua influência destrutiva.

Imaginar as coisas que você quer ter e fazer na vida é, portanto, um bom método para cristalizar e apontar seus desejos para que sua mente possa focar melhor a atenção neles. E quanto mais você puder manter a imagem ou as imagens à sua frente, mais mobilizada será a força interior para ajudar você a materializá-los.

Por esse motivo, eu recomendo, como ajuda na visualização das coisas que você quer, no intuito de mantê-las o máximo nos seus pensamentos, que você faça uma descrição em pequenos cartões, que possam ser vistos o mais frequentemente possível.

Como sugestão, prenda um cartão acima do espelho, para olhar logo pela manhã, quando estiver se barbeando ou arrumando o cabelo. Permita que os detalhes de seus desejos, delineados no cartão, aumentem, conforme você continuar a desenvolver as imagens mentais.

Tenha outro cartão por perto para olhar enquanto você almoça ou janta. Use os cartões de novo logo antes de ir dormir. E continue. Um, dois, três! Entretanto, não há sentido em escrever seus desejos enquanto você não tiver determinado que todo detalhe do que você quer seja fotografado permanentemente nos seus pensamentos – para ficar lá até que se torne realidade.

Se o que você está imaginando é de natureza pessoal, e há pessoas por perto que talvez não tenham muita simpatia pelos seus desejos, ou que considerariam essa prática uma bobagem, guarde seus cartões para você e os estude somente quando tiver tempo livre e uma oportunidade de ficar sozinho.

Lembre-se de que a repetição de um pensamento, uma sugestão, torna possível a imagem.

> Aquele que sabe plantar não verá sua planta arrancada da terra;
> aquele que sabe segurar algo não terá isso tirado de si.
>
> **LAO TZU, MÍSTICO CHINÊS, 600 A.C.**

PLANTE SUA IMAGEM NA MENTE!

Escreva!

Se você tem o desejo, a fundação está feita. Plante sua imagem na mente! Uma imagem perfeitamente detalhada da coisa exata, ou coisas, que você quer. Não faz mal imaginar mais de um objetivo por vez, contanto que não sejam conflitantes, e contanto que você consiga imaginar. A força criativa interior pode trabalhar em quantos projetos você quiser e para os quais você possa dar sua atenção e seus esforços.

ESCREVA!

Se é um aumento nas vendas que você quer, imagine os números exatos; se é algo que você quer que outra pessoa faça para você, o amor de uma pessoa, roupas novas ou um carro novo, escreva. O que for – escreva.

Expresse nas suas palavras o que você quer. Ajudará sua mente a ter organização. Qualquer coisa que procure nesse sistema, você pode ter –

contanto que o objeto do desejo seja moralmente correto, e a imagem, definida e positiva.

Um, dois, três! Escreva várias vezes, se você perceber que isso ajuda a fixar seu objetivo na mente.

Não importa se você é vendedor, executivo, mecânico, escritor, dona de casa ou qualquer outra coisa – se está atrás de dinheiro, amor, subir em posição social, no Direito ou na Medicina –, não faz a menor diferença. Você tem essa mesma força dentro de você, pronta para lhe trazer o que você quer. Você pode obter qualquer coisa que desejar, um par de sapatos ou uma mansão. Diga o que quer, escreva e vá correr atrás!

As oportunidades estão sempre passando no rio da vida, a não ser que você estenda a mão e as pegue. Se não souber o que está procurando, como você vai pegar?

Todo modo de expressar seu desejo, escrevendo, falando, em imagens, ajuda a vitalizar sua força criativa interior e mantém seus pensamentos magnetizados no alvo.

Há pessoas que têm um envelope grande rotulado "Os desejos do meu coração", no qual guardam frases do que desejam, de mudanças que querem fazer na vida, econômicas, pessoais, físicas, mentais, espirituais. Elas reservam certos momentos, ao longo do dia ou da noite, para ficar sozinhas e reler e refletir sobre as diferentes expressões escritas de seus desejos mais sinceros. Elas também checam cada um, e analisam para ver se fizeram progresso rumo a seus objetivos. Quando alcançam certo objetivo, marcam esse item como "concluído" e escrevem no cartão uma expressão de sua gratidão à Força do Deus interior por ajudá-las a realizar seu sonho. Depois, passam para outra coisa, sempre com novidades e evolução. É um processo eterno, glorioso, satisfatório.

Se estiver apenas começando, você precisará refazer seu pensar, eliminando muitos pensamentos e reações emocionais equivocados que já estão na consciência. Para fazer isso, convém escrever qual deveria ser a atitude correta a ter com os outros, com dinheiro, negócios, qualquer coisa de importância com que tenha de lidar no dia a dia.

Marjorie Mayes, uma executiva dinâmica de São Francisco, atribui muito de seu sucesso e seu amplo círculo de amigos dedicados, de quem ela tanto gosta, à palavra escrita. Ela definiu sua atitude em relação aos negócios, a ganhar dinheiro e ao sentido deste. Ela relê esse texto, "O saber nos negócios", todos os dias como fórmula pela qual viver. Depois procura ouvir a "voz interior" para orientar sua vida.

Marjorie Mayes me permitiu partilhar o texto inspirador dela com vocês:

O SABER NOS NEGÓCIOS

Reze o tempo todo sabendo que as orações corretas são respondidas. Tudo que existe pertence para sempre a Deus. Tudo que sou é Deus, e sou parte de Deus, portanto nada além de harmonia divina é expresso na minha vida. Eu individualizo Deus e tenho contato direto com a verdade. Minha intuição é perfeita, minha percepção espiritual é perfeita. Eu sei que Deus é minha sabedoria, minha inteligência, então sempre sou orientada para a ação correta, todas as vezes, pois Deus é o único que age. Deus age através de mim, portanto estou sempre trabalhando corretamente, e não há perigo de causar dano a ninguém com meus negócios. Não há perda de tempo com o trabalho de Deus no meu trabalho, portanto meu trabalho é feito bem, de modo altruísta. Meus pensamentos são claros, novos, puros, e sinto poderosos resultados no meu trabalho. Meus pensamentos e orações são o trabalho de Deus, poderosos como a águia que voa por sobre o Universo com direção, no tempo certo, entretanto gentil, humilde e tranquila quanto a pomba. Minhas orações agem em todas as minhas negociações, em nome de Deus, e eu, portanto, não termino um dia que seja de mãos vazias. Minhas orações são poderosas, e sei que realizarei aquilo que aceito como a ação correta. Sei que todas as relações na vida dependem da minha habilidade de ver Deus em ação na minha vida, em minhas orações. Não dependo de pessoas e condições, dependo de substância, Espírito, portanto não olho para pessoas ou condições, mas para o Infinito, em busca de orientação. Ouço minhas intuições, que é aceitar Deus. Meus olhos estão fixos na apreciação dos dons de Deus, e não separo o dinheiro desses dons, portanto o dinheiro adora morar na minha bolsa, pois eu gasto com a sabedoria de Deus. Ganho dinheiro através da ação correta, em todos os meus negócios. Não barganho com Deus. Não digo a Deus quanto dinheiro devo ganhar. Apenas negocio, ouvindo minhas intuições, sabendo que acontece conosco conforme nós acreditamos.

MARJORIE MAYES

Esse é um texto magnífico da atitude mental e espiritual de uma pessoa para com a vida, as pessoas, os negócios, o dinheiro. E esse texto pode ser seu!

Faça uma cópia dele e leia e releia. Assimile na consciência, para que seja parte de você. Escreva, fale, ouça sua voz dizê-lo, acredite, viva-o segundo a ação correta, aplicando-o às suas necessidades, e então, como diz Marjorie Mayes, "acontecerá com você conforme você acreditar".

Pense em imagens que você já viu, quadros, fotos, paisagens – imagens de pessoas fazendo coisas, atividades de todo tipo. De quantas dessas imagens você se lembra? Quantas se destacam em sua memória, e por quê? Eu respondo. Como algumas dessas de que você se lembra captaram seu interesse e o prenderam, você viu algo de si mesmo e das suas coisas nelas, você se identificou com algum traço delas, essas imagens lhe causaram tamanha impressão que você nunca as esqueceu. Na verdade, as imagens que você mesmo criou na sua imaginação ainda estão causando uma impressão na sua consciência, onde tudo que você viu, ouviu ou vivenciou continua existindo em forma de imagens.

As sensações associadas a essas imagens também influenciam você. Na verdade, é sua reação emocional a tudo que lhe acontece que influencia você, mais do que tudo. Quão profundo é o sentimento associado a algo que você deseja determina quão intensamente a força criativa interior magnetiza condições ao seu redor e atrai o que você deseja. Obviamente, se você tem um receio profundo de que algo lhe aconteça, isso fará essa força criativa trabalhar com o mesmo magnetismo para atrair essa coisa que receia.

Remova o medo da sua vida escrevendo afirmações de coragem, fé e autoconfiança. Você sabe e acredita que coisas boas vão acontecer. Você põe para fora todos os medos e preocupações da sua consciência. Você percebe que, caso lhes permita que fiquem, eles só podem atrair condições infelizes.

Sua mente consciente é uma peneira e um filtro, ao mesmo tempo. Ela leva tudo que acontece com você no mundo exterior para dentro e passa para o subconsciente sob a forma de imagens mentais. Esse é seu processo normal, automático, a não ser que você pare certas imagens e as altere, ou não permita que o que você reconhece como uma imagem errada vá adiante.

Agora essa nova ideia será um choque para você! A mente consciente sem controle de qualquer indivíduo quase não passa de um esgoto aberto que deixa entrar todo tipo de descarte e detrito sob a forma de pensamentos e sentimentos equivocados, juntamente com os bons. A não ser que você fique de guarda, avaliando o que deixa entrar, não ocorre essa filtragem que separa o bom do ruim. Tudo vai parar na sua consciência. E o que entra deve, em algum momento, sair sob a mesma forma, ou ficar lá dentro para atrair mais do mesmo... pois semelhante sempre atrai semelhante.

Você já deve ter ouvido falar do "fluxo de consciência". É uma descrição muito precisa. Os pensamentos fluem para dentro e para fora da sua mente o tempo todo.

CONTROLE A NATUREZA DAS SUAS IMAGENS!

Aviso: não deixe que seu fluxo de consciência fique mais poluído do que já está. Coloque uma tela de filtro. Contenha todo o medo e todas as preocupações, todas as reações emocionais erradas antes que elas cheguem à sua consciência interior, onde podem lhe causar prejuízos inenarráveis. Comece a barrar os pensamentos e os sentimentos errados que já estão flutuando no fluxo do seu subconsciente. Não deixe que entrem. Livre-se deles. Limpe esse rio para que ele só possa refletir pensamentos bons, claros, que você está agora enviando para as águas da sua experiência de vida.

Escreva o que você quer ser. Não escreva aquilo que você não quer ser.

A prática constante de escrever seus desejos e usar um espelho fará maravilhas. Logo você poderá formar essas imagens sempre que quiser, sem o uso de cartões ou espelhos, e se verá acessando a mente subconsciente quase de modo automático. Mas talvez você ainda queira continuar com a técnica de escrever, e de ler e reler seus cartões.

Pratique – pratique – sempre pratique!

Não tenha medo de exagerar, de ser extravagante em seus desejos, pois, como eu já disse, você pode ter tudo que desejar, mas precisa ficar craque em fazer exatamente o que estou lhe dizendo.

Quando você visualiza e mantém as imagens constantes, logo vem a ação, pois a ação, no fim das contas, nada mais é do que o pensamento energizado.

Nunca perca sua visão, suas imagens mentais, pois, como disse o Rei Salomão quase três mil anos atrás: "Onde não há visão, as pessoas perecem".

Tenha em mente que todo esse tema é tão antigo quanto a humanidade. Eu estou apenas lhe passando a mensagem em palavras atuais, e delineando um sistema simples de mecanismos que podem ser usados por qualquer um.

E se você ainda duvida se se trata de uma ciência exata, faça o teste! O automóvel começará a tomar forma, você conseguirá aquele par de sapatos novo, e os tijolos da mansão entrarão no lugar como se uma varinha mágica os tivesse tocado.

O peso da evidência está nos milhares e milhares de homens e mulheres felizes e bem-sucedidos que já demonstraram e estão demonstrando o funcionamento daquele "algo" – a força criativa dada por Deus – em seu dia a dia.

Tenha um registro escrito das coisas que você quer, e avalie sempre. Logo riscará os itens, conforme for obtendo um por um!

Pare de sonhar acordado, elimine suas dúvidas, entre em ação, tente escrever seus desejos. Sempre funciona!

CAPÍTULO 11

EU SEI –
EU ACREDITO,
E ACONTECE!

Há um ditado em que acredito totalmente: "Se você acredita, acontece!". É simplesmente uma afirmação enigmática ou um resumo do que eu venho lhe dizendo até agora. Todos os grandes mestres, Buda, Confúcio, Maomé, Jesus e muitos filósofos ensinaram essa grande ideia fundamental. Ela é encontrada em todas as religiões, nos cultos, credos e seitas. Em todo lugar ocorre o mesmo tema geral, cuja essência, em minhas palavras, é: "Se você acredita, acontece!".

Cito também a Bíblia: "Como um homem pensa em seu coração, assim ele é". Você já ouviu essa citação muitas vezes, mas repito, para enfatizar: "Como um homem pensa em seu coração, assim ele é". Se você acredita, acontece. Notou a semelhança? Podemos reduzir a coisa toda a uma palavra: "fé".

Quando me refiro a milagres, falo daquelas coisas que só podem ser alcançadas com fé: fé em sua crença, fé em si mesmo, fé nas pessoas com quem você se associa, fé numa força, fé naquele "algo" que controla o destino de todos. Se você desenvolver essa fé e dissipar o lado negativo, nada neste mundo pode impedi-lo de conquistar o que deseja. Embora isso possa parecer brincadeira, é verdade – você pode ter qualquer coisa que seja alcançável se realmente a desejar.

A fé é a mola da realização. Você precisa tê-la para realizar – para se mover e mobilizar os outros.

O que Aimee tinha? Gypsy Smith. Billy Sunday. Billy Graham, Monsenhor Sheen, Norman Vincent Peale. Crença – fé, fundamentalmente, e a habilidade de um crente firme de transmiti-la para o próximo. É o tom primordial de todas as grandes religiões. Todas as coisas grandiosas são iniciadas por uma pessoa, alguém que crê. Não faz diferença de onde ele tirou a ideia original. Todas as grandes invenções são o que brota de todo o esquema de fé, crença em si mesmo, suas ideias, sua habilidade de comunicá-las. Todo bom vendedor sabe disso. Eles usam a força. É por isso que são bons vendedores, de religiões, *commodities*, projetos. Todo avanço comunitário, todo movimento à frente, tudo que vale a pena dá certo porque uma pessoa tem fé, é o motor principal, o que causa a faísca, a fonte central, e é capaz de vender aquilo em que tem fé para as multidões – transmitir fé como algo contagioso. Pense nisso. Depois pense um pouco mais, e pense de novo. Medite sobre o assunto, e verá que cada palavra disso é verdade!

Você tem fé numa religião, num produto para vendas, num avanço na comunidade porque alguém, no início, fez você ter fé nisso. Você aceita certas pessoas como autoridades porque acredita nelas. Elas lhe dizem coisas, você acredita, sem questionar, e aceita ou compra o que lhe oferecem. Isso é fé.

Às vezes, alguma pessoa esperta engana você e o faz acreditar em algo que não é verdade, e, quando descobre, você fica amargo e desiludido. Diz que nunca mais vai acreditar em ninguém, mas vai acreditar, pois esse é um traço fundamental da natureza humana. Você quer acreditar, indistintamente, nos outros e em si mesmo. Este seria um mundo terrível se não pudéssemos confiar em ninguém.

"Foghorn" Murphy, famoso jogador de beisebol, disse no rádio, certa vez, sobre o programa *You Bet Your Life*, de Groucho Marx, que a coisa mais barata que alguém podia fazer era ser boa com as outras pessoas, cumprimentá-las com um sorriso e confiar nelas – que isso trazia os maiores benefícios. Ele está totalmente certo: a fé genuína no próximo sempre traz benefícios. Talvez você deposite fé no lugar errado algumas vezes, mas isso é raro. A maioria das pessoas faz um esforço extra para honrar a fé que você põe nelas. Podem até falhar com os outros, tirar vantagem deles, mas apreciam tanto sua fé que não querem decepcioná-lo.

Já ouvi várias pessoas me dizerem: "Por que você está perdendo tempo com esse caloteiro bebum inútil? Não se pode confiar nele. Vai roubar ou tirar vantagem de você na primeira oportunidade".

Bem, eu já depositei fé em centenas de pessoas até hoje e não fui intencionalmente decepcionado até agora. Algumas das pessoas em quem confiei eram fracas demais para se manterem equilibradas, mas nenhuma quis me fazer mal. Elas se sentiram piores do que eu por terem falhado em fazer jus à estima que eu tinha por elas – e a maioria se recobrou e vem tentando sem parar. Elas sabem que ainda tenho fé nelas, que não as condenei, que estou sempre disposto a ajudar, onde e quando posso. Mas elas sabem, também, que isso cabe basicamente a elas, que ninguém pode ser ajudado além de certo ponto, que são elas que têm de dar conta de se recuperar e ficar de pé, por meio da fé.

A força interior não consegue trabalhar para você se você não tiver fé nela!

DEPOSITE FÉ NO SEU TRABALHO!

A experiência é a maior e, ao mesmo tempo, a mais severa professora. Pela experiência, você sabe quando fez algo errado, isso acaba acontecendo em algum momento. E depois que sabe, você começa a trabalhar para se corrigir, entendendo que precisa de alguma força maior para ajudar a organizar suas coisas e começar a pensar direito. Então descobre aquele "algo" interior e diz: "Eu acredito!". E isso estabelece uma corrente magnética em você que começa a atrair aquilo em que acredita. E quando você consegue sentir e ver vindo para você as coisas que imaginou, através da fé, você diz: "... e acontece!".

Esse é o processo de reabilitação, em suma. Pode não ser religioso, em nenhum sentido ortodoxo ou de credo, mas é espiritual, metafísico. É do que os líderes espirituais de todos os tempos sempre falaram, reduzido à linguagem do dia a dia.

Há inúmeras campanhas cujo propósito é fazer você acreditar nisso ou naquilo – o tempo todo. Pare e pense por um momento. O que é a propaganda, qualquer tipo de propaganda, da boa e da ruim? Em geral, nada mais, nada menos do que planos engenhosos e bem pensados para fazê-lo acreditar. Você já viu isso funcionar nas guerras do passado, e, se você está alerta para o que está acontecendo ao seu redor, sabe que isso tem sido usado mais do que nunca em todas as áreas da ação humana de hoje; assim como foi usado milhares de anos atrás, e sempre será.

A batalha está acontecendo na mente de pessoas de todo o mundo. Tome cuidado com aquilo em que você é incitado a acreditar, certifique-se de que você tem posse verdadeira e sem preconceitos de fatos inalterados. Se não, mantenha seu julgamento e não permita que sua razão e sua intuição sejam varridas para longe por discursos emocionais de aparência convincente.

Se, quando estiver lendo jornal, ouvindo rádio, assistindo à TV, você mantiver em mente o meu lema, perceberá que todos os discursos dos nossos líderes, nossos grandes executivos, que vêm nos falar sempre na hora exata, são feitos com um propósito – fazer com que acreditemos. Essas pessoas sabem dessas coisas. Mesmo assim, estude tudo que é dito hoje em dia, tire suas conclusões, pense em ideias suas, do modo mais justo e sem preconceitos possível, antes de acreditar.

Todos nós, se postos no caminho certo, podemos conquistar o que buscamos se tivermos em mente esta minha expressão: "Se você acredita, acontece", e adotando o antigo ditado: "Onde há uma vontade, há um jeito!".

Em outras palavras, obtenha essa força de vontade, essa fé, essa crença, trabalhando cada minuto do dia – 24 horas por dia – sete dias por semana – 365 dias por ano. E eu prometo: se fizer isso, você avançará no seu progresso mais rapidamente do que imagina.

A crença o leva aonde você quer ir com a velocidade de um avião a jato. A dúvida e a descrença levam você na mesma velocidade à direção oposta. A crença sempre magnetiza; a descrença desmagnetiza.

Você sabe um pouco sobre a eficácia da oração. O que é a oração, senão a expressão de um desejo sincero, honesto? Disse o Grande Mestre: "Quaisquer coisas que venhas a desejar, quando rezares, acredita que as recebe, e tu as terás".

E é verdade! Todos nós sabemos os efeitos que nossos desejos têm sobre nós e como os eventos são influenciados por grandes desejos. Toda mudança econômica, ao longo dos séculos, decorreu do desejo do homem de se beneficiar. Entretanto, devemos acreditar, ter fé. Do contrário, nossos desejos mais profundos, nossas orações, se tornam apenas bolhas que estouram.

Disse, também, o Grande Mestre: "Tudo é possível para aquele que crê".

Você já ouviu tudo isso, mas o que fez e o que está fazendo a respeito?

Crença – fé – é algo que tem que tomar conta de você; depois que você se apropria disso. Ela tem que ser assimilada a fundo e agir de dentro para fora. Quando acredita o suficiente em algo, você faz com que isso se torne realidade na sua mente. A força criativa interior cria esse objeto para você. Em seguida, começa a agir para duplicá-lo na sua vida exterior, concreta. Se não deixar que seus medos, preocupações e dúvidas mudem essa imagem, o padrão original que você entregou ao seu subconsciente, do que você quer, chegará o dia em que verá isso materializado, do mesmo modo que na sua consciência.

Acredite – tenha fé – e, como eu disse, e repito, para imprimi-lo para sempre na sua mente: "Tudo que você quiser pode ser seu!".

O PODER ENORME DA FÉ!

Você acha que a fé não é prática – que ela não pode fazer as coisas que eu alego que ela faz? Eis uma demonstração na vida real do funcionamento da fé quando as chances eram de milhões para uma de que qualquer força no Universo pudesse salvar esse homem.

Em setembro de 1949, um marinheiro de dezenove anos de idade chamado William Toles, de Rochester, Michigan, foi arremessado para fora do porta-aviões sem colete salva-vidas. Eram quatro da manhã, e ele estava em alto-mar, perto da costa da África. Ninguém viu quando ele foi lançado para fora, e ele sabia, quando atingiu a água, que as chances de ser resgatado eram quase nulas. Entretanto, em vez de se entregar ao pânico, o jovem Toles tirou as roupas, deu nós nas pernas das calças e usou a porção superior das calças para prender o ar, inflou as pernas e, assim, confeccionou um colete salva-vidas improvisado. Ao contar sua história, Bill Toles diz que tentou usar a conhecida técnica de "não se preocupar com o futuro". Achou que dariam falta dele no convés no máximo às oito da manhã, e que aviões de busca seriam enviados para procurá-lo, visto que estava num navio de guerra que navegava muito longe das rotas de qualquer embarcação comum.

Bill Toles teve tamanho autocontrole que até tentou dormir, descansando a cabeça numa das pernas das calças infladas, mas as grandes ondas ficavam batendo nele, acordando-o. Controlando seus medos, esse jovem marinheiro convocou sua fé naquele "algo" – a força de Deus dentro dele – e começou a repetir sem parar: "Por favor, Deus, deixe que eu seja resgatado... Por favor, Deus, deixe que eu seja resgatado...!".

Mas quando veio e passou a manhã e nenhum avião apareceu, Bill começou a desanimar. Tinha ficado com enjoo, por ser balançado pelas ondas e por ter engolido água demais. Entretanto, ele não perdeu a fé e continuou repetindo esta oração: "Por favor, Deus, deixe que eu seja resgatado... Por favor, Deus, deixe que eu seja resgatado...!".

Às três da tarde, quando Bill Toles já estava na água havia onze horas, foi avistado por marinheiros do *Executor*, um cargueiro da American Export, que ficaram impressionados por descobrir um homem em alto-mar. Contudo, o mais impressionante é que o capitão desse cargueiro não sabia como explicar por que havia tirado seu navio da rota de costume, saindo da África, para uma rota espanhola que cruzava o trajeto do porta-aviões. Se não tivesse feito isso, ele não teria passado nem a centenas de quilômetros do pontinho, naquele amplo oceano, em que Bill Toles, com sua fé inabalável em Deus, aguardava o resgate.

Bill estava em tão boa forma física, após tudo pelo que havia passado, que subiu a escada do *Executor* sem ajuda e foi recebido com um brinde de champanhe pela equipe do navio. Mas o primeiro ato de Bill foi agradecer a Deus por atender sua oração.

Por acaso você ainda duvida, diante de tamanha evidência, de que "tudo é possível para aquele que crê"? O que levou o capitão a mudar a rota de seu navio e passar sem erro por esse pontinho em milhões de quilômetros quadrados de água, para poder resgatar um homem que tinha a fé de que Deus o deixaria ser resgatado?

Não há limite para o alcance da mente e do espírito! Quão forte é a sua fé? Ela deveria ficar bem forte depois disso. Você provavelmente nunca será requisitado a exercitar essa fé sob tamanha provação, sob situação tão emergencial. Deveria, portanto, ser mais fácil, para você, saber e acreditar, e dizer "acontece", com relação a qualquer coisa de que precise na vida.

Seu navio o encontrará um dia desses, carregado com tudo que deseja, se você se agarrar à sua fé.

Essa fé deve ser positiva, esperançosa, inabalável e absolutamente sincera, ou não energizará aquele "algo", a força criativa interior, que deve ser ativada antes que aquilo que você imagina possa ser atraído para você.

Numa emergência, não tente forçar a resposta a vir até você num momento específico, porque a consciência de Deus não funciona dentro dos limites de tempo da Terra. Estabelecer um limite de tempo deixará você tenso e fará duvidar de que receberá ajuda a tempo.

Basta manter a fé de que a ajuda virá até você no momento em que mais precisar. Uma atitude mental como essa vai libertar a força criativa dada por Deus de toda e qualquer limitação autoimposta, e permitir que ela lhe forneça a ajuda e a orientação que precisa ter para enfrentar a crise do momento.

Bill Toles não contestou que Deus sabia o que estava fazendo quando ficou repetindo sem parar, com fé, "Por favor, Deus, deixe que eu seja resgatado". Ele sabia – ele acreditou – e aconteceu!

Deixe de lado suas dúvidas para sempre, porque: "Se você acredita, acontece!".

CAPÍTULO 12

VOU CONSEGUIR –
VOU CONSEGUIR –
VOU CONSEGUIR

Se você ainda não tem o desejo, até agora, de melhorar sua posição na vida, é melhor parar de ler este livro e botar fogo nele. Mas se está determinado a chegar a algum lugar – posso garantir que você está no caminho do progresso.

Alguns tipos de indivíduos lerão um livro como este (como leram *A magia de acreditar* e outros similares) com ressentimento. Muitos deles já tiveram conhecimento superficial de todo tipo de "ismo"; mergulharam em assuntos do oculto, em filosofias hindus; tentaram se espiritualizar com dietas de jejum, toda forma de abnegação, sublimação do sexo, e assim por diante; eles se expuseram à "psicologia prática", ciência unificada, astrologia. Sabem tudo que há para saber, e mesmo assim nada os ajudou.

Essas pessoas escrevem para dizer, com um pouco de amargura: "Tive poucos resultados com meus estudos de metafísica, e não por culpa minha, pois me comprometo a ser um bom aluno, uma pessoa inteligente, e entendo os princípios da metafísica perfeitamente. Sinto muito em relatar, e estou bem decepcionado também, que não estou obtendo resultado com os métodos delineados no seu livro".

Essas palavras não são minhas; essa é uma citação direta de uma das várias mensagens que eu recebi de pessoas bem-intencionadas que passaram de um livro para outro, sobre religião, filosofia, "ismos" e práticas metafísicas, provaram algo aqui e algo ali, mas sua atitude mental e emocional é tal que elas não se permitem receber ajuda. São intelectualmente superiores a tudo que estudam; dizem que "isso não vai dar certo para mim" mesmo quando estão lendo sobre uma sugestão ou técnica de pensamento que fez maravilhas para milhares de outras pessoas. São os perfeccionistas que ficam procurando as falhas, as inconsistências, as falácias em tudo, em vez dos pontos de concordância construtivos e consensuais que podem ser aplicados para resolver problemas e corrigir condições infelizes em sua vida. Subconscientemente, algo aconteceu com essas pessoas, que lhes fez querer continuar sendo a "criança problema" para si mesmas e para os outros. É um jeito de receber atenção, refestelar-se em autopiedade, acertar as contas com um dos pais ou com outra pessoa que elas acham que não as tratou direito ou não fez o bastante por elas. Para escravizarem a consciência por sua inabilidade de encarar a vida como deveriam, ficam estudando metafísica para poder continuar a provar que não há como ajudá-las, "por mais que tentem".

Uma mulher desse tipo me confessou: "Levei um golpe severo atrás do outro. Sempre me esforcei constantemente para melhorar as condições da minha vida, através da metafísica e da oração, mas sem sucesso. Consigo fazer as condições começarem a mudar para melhor, e parece que as coisas vão melhorar para mim e terei felicidade, mas algo sempre acontece, e meu padrão de vida volta para a mesma situação trágica, monótona, sem sentido, só que cada vez isso é pior. A esta altura, os problemas, as tragédias, a infelicidade e a solidão se tornaram uma ideia fixa na minha consciência, que não consigo romper, por mais que tente".

Claro que é difícil nos enxergar como os outros nos veem, ter uma perspectiva de fora, uma avaliação impessoal do que estamos fazendo conosco através do pensamento incorreto, que tem contribuído para as condições infelizes que continuamos atraindo.

Essa mesma mulher, prosseguindo, me disse: "Não é verdade sua afirmação de que 'as pessoas deveriam sempre fazer algo pelo próximo, pois isso lhe traz benefícios'. Desde criança, eu faço boas ações para os outros, mas ninguém nunca fez nada para mim. Teve gente que entrou na minha vida sob um disfarce de amizade, aceitando e tirando vantagem da minha hospitalidade e generosidade. Praticamente todos esses supostos amigos acabaram sendo apenas parasitas e vagabundos. Há muito mais verdade no velho ditado: 'As pessoas abusam da boa vontade do que no versículo bíblico que diz: 'Lança o teu pão sobre as águas, porque depois de muitos dias o acharás'. Eu lancei meu pão sobre as águas a vida toda, e ele ainda não voltou. Evidentemente, outra pessoa o agarrou antes que ele pudesse voltar para mim".

Você consegue detectar o ressentimento nela? Não se pode fazer uma boa ação para alguém de modo calculista, esperando algo em retorno. Esse não é o espírito de dar sem receber. Nem se pode ajudar quem não quer ajuda. A pessoa vai ficar ressentida, e com razão. Quando alguém insiste em ser bom para você, sem motivo aparente, você fica desconfiado. Você pensa: "Por que a pessoa está se esforçando tanto para fazer essas coisas? Por que está querendo me fazer sentir endividado? O que ela está se preparando para me pedir em troca?".

Você já deve ter ouvido muitas pessoas dizerem: "Depois de tudo que eu fiz por fulano, dá para imaginar que essa pessoa me trataria do jeito que tratou?". Há momentos em que amigos e parentes, por egoísmo, ou de propósito, se aproveitam de nós, mas há momentos, também, em que, equivocadamente, esperamos demais, quando somos pagos na mesma moeda pelo que fizemos.

Essa mulher, e muitos como ela, subconscientemente espera "o pior, torcendo pelo melhor", e claro que o pior sempre acaba acontecendo, pois esse é o pensamento mais forte, mais emocional na mente dela. Ela se mantém magnetizada não para o bem, mas para condições ruins, e assim faz com que aquele "algo", a força criativa interior, produza uma perpetuação das experiências infelizes do passado. Ela conta com as pessoas não tendo consideração, que se aproveitarão dela, que não lhe oferecerão ajuda em momentos de necessidade – e usa a lei criativa da vida infalivelmente contra si mesma. Ela está até imaginando alguém pegando o pão que ela lançou às águas antes que ele possa voltar para ela.

Esse não é um exemplo "inspirado" de visualização? O que se pode esperar de uma visualização mental como essa? Certamente não um pedaço de pão – nem mesmo uma migalha!

Você, que já entendeu como a mente funciona, pode ver que essa mulher infeliz é um exemplo clássico de alguém que está usando a força com sucesso – mas no reverso!

Existe uma grande falácia subjacente ao pensamento desse tipo de pessoa. Se ao menos pudessem perceber, elas se libertariam de suas ideias equivocadas, fixas, e sairiam de suas dificuldades num estalo. Eis a falácia: as pessoas que alegam nunca ter conseguido fazer as forças elevadas da mente trabalharem para elas, ao contrário, através do pensamento incorreto, obrigaram essas mesmas forças a trabalharem contra elas. Fizeram essas forças produzirem fracasso em vez de sucesso, tristeza em vez de felicidade.

VOCÊ ESTÁ USANDO A FORÇA INTERIOR CONTRA VOCÊ?

Pergunte-se, agora, franca e honestamente, se você andou fazendo isso, totalmente ou em parte. Se sim, essa é a raiz do seu problema. Você não queria admitir que andou usando errado suas forças da vida, seus poderes elevados da mente. Mas existe somente uma força em você, que deve ser usada tanto para o bem quanto para o mal, como resultado de todo pensamento que você tem, toda imagem emocional que coloca na consciência.

Mude seu jeito de pensar, e, no mesmo instante, comece a mudar as condições ao seu redor. Mude a direção de um ímã, e ele muda a área ao redor no mesmo instante, automaticamente. Mas se você vacila do bem para o mal, você perde o que ganhou e produz resultados incertos, infelizes. Você precisa manter sua magnetização naquilo que quer até que isso seja recebido. Isso requer um exercício de vontade, uma determinação desenvolvida, uma resolução de "ir até o fim", de se ater ao seu pensamento construtivo, sua visualização mental correta até quando for necessário para permitir que aquele "algo", a força criativa interior, ajude você a alcançar seu objetivo.

Eu consigo – eu consigo – eu consigo.

Diga isso a si mesmo, repetidas vezes, e com convicção! Olhe para o espelho e diga. Escreva e diga. Fale em voz alta, para si mesmo, enquanto estiver cuidando de suas atividades diárias: "Eu consigo! Eu consigo! Eu consigo!". Faça com que essa determinação seja parte da sua consciência, construa uma força de determinação interior que nada possa abalar.

Um homem negro, certa vez, estava tentando botar uma mula corpulenta para andar. Você já deve ter ouvido essa história. O chefe dele apareceu e disse: "George, por que não tenta usar sua força de vontade no animal?". George sacudiu a cabeça: "Já tentei, mas não adiantou. O bicho está usando a força de má vontade!".

Você está usando sua força de má vontade? Está dizendo a si mesmo, lá no fundo, que, graças aos fracassos do passado, não adiantará nada tentar? Se sim, você está destruindo sua força de vontade bem no começo. Não podemos dizer a nós mesmos, por fora, que conseguimos, quando algo no interior da mente diz que você não pode, não vai conseguir.

As pessoas mais difíceis de ajudar neste mundo são aquelas que lhe dizem logo de cara que não podem, não vão conseguir.

A força de má vontade é simplesmente a força de vontade em reverso! Você consegue obter resultados com ambas, pois as duas servirão a você infalivelmente quando as chamar. Mas a força de má vontade não pode lhe trazer nada, e a força de vontade pode lhe trazer tudo. Então por que não escolher a sua força de vontade? Para que se agarrar, com teimosia, à sua força de má vontade, só porque talvez não queira realmente fazer o esforço necessário para se ajudar; porque você não tem a fé em si mesmo e na força interior que deveria ter; porque está com medo de tentar e fracassar mais uma vez? Você precisa começar em algum momento, se ainda espera evoluir. Você está satisfeito consigo atualmente? Você acha que o mundo lhe deve um sustento, que os outros deveriam ajudá-lo mesmo que você tente ou não se ajudar, que, se você aguentar por tempo suficiente, ou sofrer o bastante, uma mudança para melhor vai chegar, de qualquer maneira?

Não se engane! Só existe uma saída para os problemas, e você precisa guiar essa caminhada. Ninguém mais pode guiar ou empurrar você. Os outros podem lhe mostrar o caminho, colocar você de pé e apontar a direção certa, mas é você que tem que caminhar.

Eu consigo – eu consigo – eu consigo.

Isso basta! "Eu consigo" arranca você da inércia, coloca em movimento células preguiçosas, coloca nova vida e motivação em sua mente e em seu corpo. "Eu não consigo" paralisa iniciativas, incentivos, entusiasmo; para tudo de funcionar, congestiona corpo e mente, e tira toda a alegria e o propósito de viver.

INJETE O PODER DO "EU CONSIGO" EM VOCÊ!

Anime-se, meu irmão! O que você prefere: uma injeção de "eu consigo" ou de "eu não consigo"? Essa é a decisão mais importante que você vai tomar na vida. Todo o seu futuro depende dela.

A primeira injeção lhe trará felicidade, sucesso e saúde como você jamais imaginou. A segunda injeção lhe trará tristeza, fracasso e doença.

Faça a sua escolha! Você é livre! Não custa nada. As duas forças estão igualmente disponíveis e são igualmente confiáveis. Elas passarão a trabalhar no instante em que você as colocar em operação, dizendo "eu consigo" ou "eu não consigo".

É inconcebível que você queira aceitar mais uma injeção de "eu não consigo" – mas talvez o faça, se continuar guardando ódio e ressentimento na mente e no coração, se continuar chateado com o mundo ou com a sociedade e ainda quiser provar que poder nenhum, no céu e na terra, pode ou vai ajudar você.

Não é fácil expulsar da consciência uma ideia fixa, mas "eu consigo" é a força que pode fazer isso! Se você se acostumou com o hábito de "apreciar o pior", esse hábito resistirá à evidência até o final. Você terá de ser firme, cruel com você mesmo e com suas falhas e fraquezas do passado. Não deixe a autopiedade ou algum sentimento de autodefesa tomar conta de você. Se isso acontecer, "eu não posso" e "eu não consigo" continuarão no controle. Ficarão contra o "eu consigo" enquanto puderem, pois sabem que seus dias estarão contados assim que o "eu consigo" chegar.

Que acha disso? Você já entrou no time do "eu consigo"? Se sim, nunca mais olhe para trás, para seus dias no time do "eu não consigo". Você tem uma estrada nova, de amplos horizontes, cheia de indivíduos ávidos, contentes, em desenvolvimento, que assimilaram "eu posso" e "eu consigo" e estão alcançando objetivos com os quais nunca tinham nem ousado sonhar antes.

Diga para si mesmo, em voz alta, agora mesmo: "Eu consigo! Eu consigo! Eu consigo!". Isso não mexe com alguma coisa em você? Não anima, dá nova esperança, nova ambição, nova determinação, nova autoconfiança?

Diga "eu consigo" e acredite nisso – e você estará a caminho de deixar para trás todas as dificuldades para sempre.

CAPÍTULO 13

O PENSAMENTO POSITIVO PODE DISPERSAR O MEDO E A PREOCUPAÇÃO

Todos nós tendemos a calcular e avaliar as coisas, permitindo que o lado negativo tome a dianteira, e nossos pensamentos se mostram em comentários como "não dá para fazer", "tenho medo", "o que vai acontecer se eu fizer isso?", "as pessoas não vão entender", "não vale o esforço", "não tenho tempo", e álibis verbais similares. Se você mesmo não expressou esses pensamentos, outras pessoas os disseram, e, através do poder da sugestão, você os aceitou como conclusões suas.

É preciso ser do tipo afirmativo para progredir, e você já deveria saber, a esta altura, como se desenvolver para ser assim.

O tipo negativo afunda antes mesmo de começar. A natureza toma conta dessas situações através da antiga lei da sobrevivência do mais apto. Nós sabemos o que acontecia na época antiga, em Esparta, quando as crianças eram deixadas à própria sorte desde bebês, e somente as que sobreviviam recebiam mais chances.

O tipo negativo é aquele que desiste; ou, dito de outro modo, aquele que desiste é do tipo negativo. Não faz sentido sair por aí atacando todo mundo apenas para começar a fazer alguma coisa. Igualmente, também não dá muito certo se colocar na defensiva em tudo que você tenta fazer na vida, pois isso é um sinal negativo.

A PESSOA QUE NÃO SE DEIXA ABATER NÃO SERÁ ABATIDA!

Se você é pego de surpresa e de repente se coloca na defensiva, saia já dessa. Passe para a ofensiva assim que puder, pois, caso contrário, será derrotado.

Um dos seus maiores inimigos na vida sempre será o medo. É ele que deixa muitas pessoas negativas, que as impede de assumir e manter uma atitude positiva. O medo é o Grande Destruidor. Se der ao medo o comando da sua vida, você ficará incapacitado para alcançar qualquer coisa que valha a pena.

Mais de três mil anos atrás, Jó disse: "Pois aquilo que eu temia me sobreveio, e o que receava me aconteceu". Certamente, essas coisas lhe sobrevieram porque, em seus medos, ele as imaginou, usou a lei imutável para atraí-las. Assim como traz as coisas boas que você quer para a realidade mantendo constantes os pensamentos positivos, você também traz coisas ruins – aquelas que teme – mantendo constantes os pensamentos negativos, as preocupações.

Se leu até aqui, você já deve ter percebido que, quando cuida dos seus pensamentos, eles também cuidam de você! Se essa é uma verdade, o que você vai escolher? Sofrimento, problemas, doenças, preocupação, fracasso, ou saúde, riqueza, felicidade, sucesso? Isso depende somente de você. Poder nenhum neste mundo, exceto você, é capaz de direcionar seus pensamentos, e o modo como usa sua vontade para manter seus pensamentos positivos é algo que está somente sob o seu controle.

O finado presidente Franklin Delano Roosevelt fez uma afirmação incrível quando disse: "A única coisa que temos a temer é o próprio medo!".

Ele sabia do que falava, e milhões de pessoas que o ouviram falar essa frase sabiam disso, pois bastava que analisassem o efeito do medo em suas vidas para perceber que o próprio medo era a pior coisa que elas temiam.

Em geral, é mais fácil encarar alguma coisa que você temia do que lidar com a expectativa de encará-la, porque, geralmente, a sua imaginação exagera, por causa do medo, esse algo que você teme que pode lhe acontecer.

Muitas pessoas ficam envergonhadas quando finalmente se deparam com uma situação que temiam, pois descobrem não ser tão ruim ou tão difícil quanto imaginavam.

ELIMINE SUAS IMAGENS DE MEDO

É preciso sempre lembrar que, como você pensa em imagens, toda imagem errada que entra na sua consciência, com sentimentos intensos de medo por trás, é como uma semente que se enraíza na mente e, no fim, reproduz acontecimentos similares na sua vida.

Para se proteger do efeito crescente das reações emocionais equivocadas, ou de seus medos recorrentes, você precisa adquirir a habilidade de controlar seus sentimentos. Você continua sendo, mais ou menos, uma vítima do medo e da preocupação se você se flagra expressando seus sentimentos e apreensões destas maneiras: "estou tão preocupado que não consigo pensar direito", "tenho a sensação de que nada que eu tento fazer vai dar certo", "perdi a fé em mim mesmo... e em Deus", "estou tão nervoso e tenso, não durmo há semanas", "não consigo superar o que aconteceu comigo", "sei que não deveria, mas não consigo evitar me castigar com ódio, ressentimento e medo", "perdi todo o interesse na vida, eu acabaria com tudo, se não tivesse medo de fazer isso", "o médico me disse que, se eu não aprender a controlar meus medos e minhas preocupações, vou acabar me matando".

Você andou dizendo algo nesse sentido? Se sim, chegou a hora de entrar em ação e eliminar essa atitude negativa e derrotista.

Milhares de pessoas me escreveram ou disseram que o medo e a preocupação as põem para baixo, que não conseguem se livrar desses sentimentos. Elas gostariam que eu fizesse uma mágica e afugentasse medos e preocupações. Isso seria muito mais fácil do que elas mesmas entrarem em ação, aplicando o conhecimento que lhes dei e estou dando neste livro. Mas eu tive que lhes dizer com toda a sinceridade, do modo mais direto: "Por mais que eu queira ajudar você, a lei não funciona dessa maneira. Enquanto você não fizer nada além de reclamar dessas condições que trouxe para si mesmo com o pensamento de medo, essas condições infelizes continuarão".

Para muitos, essa é uma notícia ruim, mas ela serve para chocar alguns para que entrem em ação. Isso depende de quão intensamente você deseja se livrar da praga dos medos e das preocupações. Não há como fazer isso sem exercitar sua vontade, sem mudar seus pensamentos de negativos para positivos. E não se trata de ser positivo num minuto e negativo no seguinte.

VOCÊ PRECISA SE DEDICAR!

Fico admirado com essas pessoas que me dizem que estão "sustentando o pensamento adequado". Eu lhes pergunto por quanto tempo, e elas dizem: "Ah, por uns minutos, pelo menos". Você precisa se organizar para poder viver com o pensamento adequado, não por uns minutos, mas dia após dia.

Até onde você chegaria, numa partida de tênis, se devolvesse algumas bolas lançadas pelo oponente e fosse para as laterais ficar sentado por alguns minutos, depois se levantasse e começasse a jogar de novo, devolvendo mais alguns lances, e voltasse para se sentar? Seria algo bem tolo, não?

Bem, o jogo da vida é jogado o tempo todo, e, para vencer, você precisa ficar nele, gostando ou não. Você precisa devolver tudo que lançam contra você, com toda a força que puder colocar na bola. Seus oponentes são o medo e a preocupação. O único jeito de derrotá-los é tendo uma atitude positiva, agressiva. Pare de tentar fugir. Firme o pé diante do medo e da preocupação. Olhe seus inimigos nos olhos, faça-os recuar e se retirar. Quando enfrentamos o medo com coragem, ele tenta fugir. Já era para o medo, ele está acabado, não tem poder sobre você assim que lhe arremessa uma bola veloz com os dizeres "coragem" e "eu consigo!". Isso é pulverizador. Sua cabeça pode até estar sangrando, mas contanto que você não a abaixe, enquanto permanecer destemido e indômito, você fará seu velho inimigo recuar. Não há como ele o manter sob jugo nessas condições positivas.

Existe um antigo ditado que diz: "Você não desenvolve úlceras por causa do que come, mas por causa das coisas que devoram você!".

O medo pode alterar a química do seu corpo e deixá-lo suscetível a todo tipo de doença. O medo causa palpitação, indigestão, falta de ar, sudorese nervosa, tensão nervosa, reações alérgicas e um leque de outras reações físicas que, com o tempo, evoluem para perturbações mais sérias.

"Tenho medo do escuro, medo de cair, medo do fogo, medo disso e daquilo, na verdade eu tenho medo de tudo!", algumas pessoas me dizem. "Bem, e o que você está fazendo com isso?", eu pergunto. "O que posso fazer?", muitos respondem. "Eu tenho medo, é isso!"

Medo, medo. Repetição, repetição; quanto mais temem, mais eles temem. Semelhante sempre atrai semelhante. Uma bola de neve começa a rolar por um morro coberto de neve. É uma bolinha de neve no começo e uma avalanche no final. A não ser que você quebre essa bola de neve do medo, ela o engolirá e encobrirá.

Dê a seus medos uma chance de crescer, fique nutrindo seus medos com mais medos, e você terá uma maré para enfrentar, antes que possa perceber. A preocupação, claro, é a esposa do medo. Eu ia dizer que é "consorte" dele.

George Washington Lyon disse, certa vez: "A preocupação é o juro pago por aqueles que pegam problemas emprestados". John Bunyan dizia que conseguia eliminar a preocupação de dois dias de cada semana. Ele escreveu: "Há dois dias da semana sobre os quais e com os quais eu nunca me preocupo. Dois dias sem preocupações, sagrados e livres de medo e apreensão. Um desses dias é ontem, e o outro é amanhã!".

Se puder eliminar o medo e a preocupação de ontem e amanhã, você só precisará eliminá-lo de hoje, e pronto!

Ah, mas hoje é o único tempo em que você está vivo. Hoje é o único tempo que tem para encarar a realidade. Hoje é o único tempo que tem para fazer qualquer coisa, construtiva ou destrutiva. Hoje, antes de se tornar ontem, é sua oportunidade de ir para a frente ou para trás. Hoje, antes de ser o amanhã, é sua chance de estruturar uma fundação melhor para o seu futuro. O que você está fazendo com o hoje? Está enchendo o hoje com seus medos e suas preocupações de sempre, garantindo, assim, que amanhã será uma repetição de hoje?

OS PENSAMENTOS POSITIVOS E OS NEGATIVOS GOVERNAM O MUNDO, PARA O BEM OU PARA O MAL

Qualquer tendência para cima ou para baixo em nossa organização econômica mundial se deve inteiramente ao jeito como pensamos. Quando os grandes líderes mundiais, homens de estado, investidores, editores, economistas, pessoas que influenciam e direcionam o pensamento de milhões em todo canto do mundo, permitem que pensamentos deprimidos entrem nessa organização, pensamentos deprimidos e vibrações de medo entram na organização desses mesmos milhões, e os negócios quase param por completo.

Quando os líderes do mundo alteram seu jeito de pensar, jogam fora o medo e seguem adiante, em vez de para trás, os pensamentos de milhões mudam para melhor, e, conforme eles pensam de modo construtivo, os negócios melhoram.

O MEDO, A PRAGA DA HUMANIDADE, DEVE SER SUPERADO!

Atualmente, o mundo está tomado pelo medo. A ameaça das bombas nucleares, e sabe-se lá quais outros tipos de bombas novas e ainda mais destrutivas, paira sobre o mundo. Sob tão terríveis condições, não é de se admirar que a vida econômica de milhões, em todos os territórios, esteja num estado delicado de desequilíbrio, e que o medo de uma terceira Guerra Mundial exista na mente das massas. Somem-se a isso o ódio e o ressentimento que fervilham entre diversas raças, os medos e as suspeitas que, infelizmente, existem, e é preciso ter fé e coragem para manter a atitude mental correta.

Contudo, diante de tudo isso, é absolutamente necessário que você aprenda a controlar suas emoções – medos e preocupações –, que se imagine recebendo orientação e proteção da força interior, para que fique a salvo e seguro, a despeito do que pode vir a acontecer no mundo lá fora, para que você possa fazer tudo a seu alcance para ajudar a fomentar condições melhores na sua comunidade e estender sua influência para o bem.

Seja positivo! Seja corajoso, acredite, tenha fé, prepare sua mente hoje, para que você possa controlar seu futuro individual o máximo possível.

Lembre-se disto: os seres humanos são seres humanos em todo o mundo, seja em Praga, seja em Tombuctu; todos estão sujeitos às mesmas emoções, às mesmas influências, às mesmas vibrações; e o que é uma comunidade, uma cidade, uma nação, senão um coletivo de seres humanos individuais?

Mais uma vez: "Como um homem pensa em seu coração, assim ele é".

Como membros de uma comunidade pensam – assim eles são; como uma cidade pensa – assim ela é; e como uma nação pensa – assim ela é! Faça sua contribuição para o pensar da época em que você vive. Sua atitude positiva ajudará outras pessoas a serem mais positivas. Não dê tanta importância a alguns revezes ou obstáculos.

Quando um trem vem rapidamente pelos trilhos à sua frente, você pisa no freio do seu automóvel, coloca a marcha no ponto morto e deixa o motor quietinho. Você volta a se locomover assim que o trem passa, mas certamente não coloca a marcha à ré e vai para trás.

Compare-se com a marcha do seu carro. Na ré, coloque medos, preocupações, problemas e dores. Certo. Então, quando as coisas derem errado, em vez de ficar chateado, perder o controle de si mesmo, simplesmente pise no freio, deixe seu motor quietinho, até que possa ver com clareza a estrada à frente.

No alto está tudo que você deseja: saúde, riqueza, felicidade, sucesso. Poder nenhum no mundo, exceto sua mão, pode colocar a marcha do seu carro para a ré. Se sua marcha estiver na ré, lembre-se: foi você quem a deixou assim! E você faz isso com seus pensamentos, pois:

> "Não existe o bem e o mal, é o pensamento que os faz assim."
>
> **HAMLET, ATO II, CENA 2**

Portanto, ao pensar, você vai para a frente ou para trás, numa marcha veloz ou na ré. Quando se coloca na ré, se preocupa e tem medo, você está usando a ideia do "um, dois, três" para trazer à realidade as coisas que você mais deveria evitar.

Diga a si mesmo: "DAQUI EM DIANTE, SEREI POSITIVO!". Quando disser isso, fale com convicção!

Erga uma parede de ferro bem do lado da marcha à ré, para você nunca mais andar para trás. Feche a porta para o ontem. Mantenha fechada. Depois vá aumentando as marchas e não pare mais!

CAPÍTULO 14

PROVAS INCRÍVEIS DA TRANSFERÊNCIA DE PENSAMENTO

Antes que você possa alcançar o que quiser, na sua mente e por meio dela, você precisa saber mais do funcionamento do seu subconsciente. Há bastante mistério associado a esse funcionamento, e muitos cientistas, médicos, biólogos, antropólogos, psicólogos, psiquiatras e todo tipo de autoridade estão tentando colocar mais luz sobre o que acontece nos mais profundos recessos do cérebro do homem. Eles já descobriram que setores grandes do cérebro de uma pessoa podem ser removidos sem prejuízo à consciência ou à inteligência. Você já deve ter ouvido falar da eletroencefalografia, aquele aparelho sensitivo que detecta e registra ondas cerebrais. Recentemente, fiquei sabendo de um novo instrumento, que está agora em desenvolvimento, através do qual as correntes positivas e negativas de todo órgão do corpo podem ser avaliadas, para determinar seu estado de saúde "elétrico".

Veja, o corpo físico não é o organismo totalmente material que um dia pensamos que fosse. A tendência é se referir a ele como uma máquina eletroquímica de grande sensibilidade. Alguns anos atrás, os cientistas achavam que a tal da "alma" era parte do corpo, e morria com ele. Hoje, eles não têm tanta certeza disso. Na verdade, muitos cientistas concluíram que a inteligência, a consciência, pode não fazer parte do corpo, apenas se manifestar por ele. Imagine-se, então, como um inquilino temporário, vivendo em sua maravilhosa casa de matéria, ganhando experiência e evoluindo sua alma ou consciência através da experiência de estar aqui, para finalmente deixar essa casa quando ela ficar comprometida ou perder a utilidade.

Achou fantástico? Nada mais é fantástico nesta era de Buck Rogers. O que a mente do homem pode conceber, a mente do homem pode alcançar. O ser humano deseja a imortalidade há tanto tempo quanto ele tem ciência de que existe. Sonhou, escreveu e cantou sobre uma "vida por vir" em suas religiões, filosofias, canções e aspirações pessoais. Agora está ficando aparente que o homem sempre sentiu, intuitivamente, "uma terra além do alcance dos cinco sentidos", não menos real do que o mundo em que está agora, um lugar que aguarda a chegada dele após a mudança conhecida como "morte".

Ao evoluir sua percepção, você também ficará ciente de uma convicção cada vez mais positiva de que "esta vida não é tudo", que é "apenas o começo" de uma experiência, de uma aventura que continua no grande universo de Deus.

A chave para essa compreensão mais profunda de si mesmo e da sua verdadeira relação com a consciência do Deus interior pode ser encontrada no desenvolvimento do controle e do direcionamento da sua parte subconsciente.

Quanto você sabe da sua mente subconsciente? Você sabia que é o mecanismo mais impressionante do Universo? Talvez "mecanismo" não seja a palavra certa, mas é preciso chamar de alguma coisa. Ela funciona com a precisão de um relógio, se você a direcionar corretamente. Se tivesse alguém que confiasse em você cegamente e seguisse todas as suas ordens até o menor detalhe, lhe trouxesse tudo que quisesse, fosse isso bom ou ruim para você – você teria uma pequena amostra do que faz a sua subconsciência.

Ela acumula, para uso futuro, todas as suas imagens mentais e sensações de experiências. O modo como você se sente com relação a qualquer um ou qualquer coisa fica arquivado no seu subconsciente. Medos e preocupações, ódios e preconceitos estão todos lá, junto de seus pensamentos bons. Quando tem pensamentos bons, você se sintoniza com outros pensamentos bons da mesma natureza desses que já estão no arquivo. Se gosta de uma pessoa hoje e não acontece nada para mudar isso, você continuará gostando dela amanhã, pois os sentimentos de cada dia que você sente por essa pessoa são acrescentados aos sentimentos do dia anterior. A repetição é uma força tremenda.

Comece a fazer as coisas de certo jeito, e você continuará fazendo desse jeito, a não ser que mude de ideia ou algo aconteça para fazer você agir de modo diferente. Você cria uma ranhura na sua mente como a ranhura de um disco de vinil – mas ela não tem que ficar sempre do mesmo jeito. Você pode fazer uma ranhura nova toda vez que quiser, pois é uma criatura de livre-arbítrio e escolha livre, e sua mente subconsciente é sempre controlada e direcionada por seus desejos e suas decisões conscientes.

Seu subconsciente é um amplo reservatório de conhecimento que você adquiriu com experiências, instrução e reflexões anteriores. Além disso, ele possui conhecimento que traz a você através de suas faculdades intuitivas, seus órgãos sensoriais, pois uma parte do seu subconsciente não é limitado por tempo ou espaço. É uma estação de energia que se estende até o universo ao seu redor e lhe traz uma percepção das coisas que jamais poderiam passar apenas por sua mente consciente. Como seu subconsciente faz tudo isso, ninguém sabe, mas os cientistas vêm reunindo muitas evidências de que você é uma poderosa estação de transmissão e recepção e tem contato com algo que é como um circuito universal. Pode ser colocado em contato com praticamente qualquer um ou qualquer coisa que você quiser. Claro que não muitos de nós são evoluídos o bastante a ponto de direcionar esses poderes elevados para se comunicar conscientemente com os mundos físico, mental, psíquico e, segundo muitos investigadores, espiritual, do passado, do presente e do futuro, mas eles dizem que, um dia, isso será possível.

O SEU CORPO É UM REFLETOR DO SEU PENSAMENTO!

Seu subconsciente é a sua única parte que nunca dorme. Se algum dia ele ficasse à toa no serviço, seu corpo pararia de funcionar, pois ele contém essa inteligência milagrosa que mantém seu coração batendo, seus pulmões respirando, seu estômago digerindo tudo que você come (e não pense você que isso não é meio difícil, às vezes!). Todo órgão do corpo, incluindo o funcionamento dos seus cinco sentidos físicos, é regulado pelo seu subconsciente, e, se você não interferir no controle dele, jogando uma chave de fenda no maquinário subconsciente, na forma de medo ou preocupação, seu coração funciona sempre bem, você respira sem nem pensar nisso, e nunca nem percebe que seu estômago está digerindo a comida que você comeu. Mas basta começar a ficar chateado com alguma coisa, fazendo seu corpo ficar tenso – e seu coração começa a palpitar, sua respiração vai ficando curta, e você não tem vontade de comer pois sente algo como um nó no estômago. Talvez você fique até meio nauseado. Isso deveria ensiná-lo a cuidar do seu pensamento e deixar que seu subconsciente tome conta do seu corpo. Se você diz ao seu subconsciente que está chateado, seu subconsciente tem que dizer a mesma coisa para o seu corpo, porque o seu corpo – a casa em que você vive – é apenas um reflexo do seu pensamento. Não há como dizer que se sente mal e, mesmo assim, se sentir bem.

Entregue à sua mente subconsciente um problema no qual trabalhar pouco antes de ir dormir. Tenha fé de que essa inteligência superior dentro de você pode e vai resolver esse problema. Esqueça disso e, pela manhã, quando menos imaginar, você vai acordar com a resposta ou saberá o que fazer para obter essa resposta. Quanto mais praticar dar tarefas para o seu subconsciente, mais ele conduzirá as coisas para você. É o funcionário mais solícito que você pode ter na vida! Não se importa com quanto trabalho você passa, quantos problemas lhe entrega, quantos desejos ou objetivos carrega ao mesmo tempo. Lembre-se: seu subconsciente não é limitado no funcionamento, a não ser por quanto você mesmo o limita com seu pensamento.

Esse subconsciente incrível tem um poder que, na falta de um jeito melhor de descrever, é magnético. Ele parece magnetizar condições ao seu redor no instante em que você lhe dá uma imagem nítida do que deseja. E ele começa a atrair tudo de que você necessita, até as pessoas que precisa encontrar, para ajudá-lo a alcançar o que busca.

As coisas começam a acontecer tão naturalmente que você, em geral, não repara que sua mente subconsciente está fazendo isso por você. Está usando todos os poderes dela – nos níveis físico, mental e espiritual da sua vida – e concentrando esses poderes no seu objetivo.

Não há como falhar se você instruir adequadamente seu subconsciente e mantiver sua fé na força do Deus interior que realiza maravilhas. Mas o mais misterioso de todo o funcionamento do seu subconsciente é aquilo que a ciência chama de "faculdades extrassensoriais".

O QUE VOCÊ PRECISA SABER SOBRE PERCEPÇÃO EXTRASSENSORIAL

Você já deve ter ouvido falar, imagino eu, dos exaustivos experimentos em parapsicologia conduzidos pelo Dr. J. B. Rhine e sua equipe, na Duke University. Vale a pena comentar brevemente o trabalho dele.

O Dr. Rhine conduziu experimentos, anos atrás, sobre a teoria de que a mente humana pode ter ciência de fatos ou condições, a distâncias variáveis ou ilimitadas do corpo, com ou sem a atuação de outra mente na transmissão e na recepção. Ele começou os experimentos com cartas que ele mesmo produzia, contendo os desenhos, de linhas pretas e grossas, de uma cruz, um círculo, um quadrado, um triângulo e uma linha sinuosa. Era requisitado aos sujeitos que se sentassem em diferentes salas e edifícios, e tentassem transmitir e receber impressões desses símbolos. Outros procuravam obter impressões da ordem desses símbolos num maço de cartas, concentrando-se nesse maço, sem que nenhuma outra mente humana soubesse essa ordem de antemão. Outros, ainda, procuravam registrar suas impressões da ordem em que essas cartas sairiam quando fossem tiradas em algum momento futuro, para ver se era possível, para a mente, prever um evento ou acontecimento específico.

Todos esses experimentos, repetidos laboriosamente, com muito esforço, com todas as precauções necessárias para evitar possíveis fraudes conscientes ou inconscientes, bem como sugestões ou causação física, produziram resultados que se encontravam definitivamente acima e além do acaso tanto quantitativa quanto positivamente.

Não existe mais dúvida, na ciência, de que esses poderes elevados da mente existem. Na verdade, a influência da mente em animais, plantas e objetos inanimados foi demonstrada, também. E ainda nem saímos do jardim de infância no que se refere ao conhecimento da consciência e à relação fundamental desta com o mundo que temos dentro e fora de nós, que um dia será revelada.

Há milhares e milhares de casos autênticos e documentados de homens, mulheres e crianças que receberam impressões de natureza telepática, clarividente ou premonitória. Essas impressões vieram até eles sob a forma de imagens mentais, sensações fortes ou impressões de sapiência, tanto no estado de vigília quanto no sonho. Eles sentiram ou "viram" acontecimentos que ocorreram com amigos e entes queridos, ou até com desconhecidos, a certa distância, ou que ainda viriam a acontecer em algum momento no futuro. Sob certas condições estabelecidas de receptividade e concentração, uma mente pode se comunicar com outra mente, desobstruída por supostas barreiras como tempo e espaço.

VOCÊ PODE DESENVOLVER PODERES MENTAIS SEMELHANTES

Mas já foi apontado que sua mente subconsciente e os poderes que ela possui não são limitados por tempo e espaço. Quando souber controlar sua mente e suas emoções, você também poderá transmitir e receber pensamentos.

Se você quiser tentar fazer algum experimento telepático por conta própria, existe um padrão definido a seguir. Muitas pessoas tentaram e relataram quão admiradas ficaram com as impressões corretas que receberam. Primeiro, relaxe seu corpo físico, da cabeça aos pés, abandonando-o completamente com sua mente consciente. Apenas isso já não é fácil, mas pode ser alcançado com prática. Em seguida, tendo deixado sua mente consciente passiva (livrando-a de todos os pensamentos), olhe dentro da sua mente, figurativamente voltando sua visão física para dentro, concentrando-a em algo que eu chamo de "tela de imagem mental". É uma tela branca imaginária que fica pendurada na escuridão da sua consciência, e na qual, sob o princípio da televisão, são projetadas as imagens que chegam à mente, vindas da fonte exterior.

Estou convicto de que todos nós possuímos esses poderes sensoriais elevados, em forma dormente ou parcialmente desenvolvidos, e que, quando lhes damos reconhecimento – quando temos fé de que esses poderes podem e vão nos servir –, eles começam a trabalhar para nós! A dúvida e a descrença os impedem de se manifestar tanto quanto a dúvida e a descrença impedem suas forças criativas da mente de funcionar dentro e através de você. Essas faculdades extrassensoriais são parte da mesma força maior. Quando você tem um impulso ou uma urgência súbita e inexplicável de fazer ou não fazer algo, isso é a sua intuição. Essas percepções extrassensoriais estão tentando passar uma mensagem para você.

Ocasionalmente, você receberá uma impressão ou um lampejo de uma imagem mental de um evento futuro, algum acontecimento que está vindo em sua direção. Não deixe sua mente consciente desviá-lo disso se você tiver uma forte convicção de que essa impressão premonitória é genuína.

Eu acredito que o ser humano pode criar, em grande extensão, o próprio futuro, o próprio destino. Quanto mais ele puder aprender a desenvolver e depender de seus poderes mentais elevados, e seguir seus palpites e premonições genuínos, mais ele poderá evitar experiências infelizes e atrair bons acontecimentos para si.

Embora eu tenha dedicado anos ao desenvolvimento que alcancei, quase todos, em algum momento da vida, podem relatar uma experiência em que sua mente se voltou para os pensamentos de outros. Estou em dívida com a Sra. J. R. Hutchinson, de LaJolla, Califórnia, por este exemplo marcante:

> Quando minha filha tinha uns três anos de idade, talvez quatro, pois foi em 1925, eu fui a uma festa, certa noite. As lembrancinhas eram pequenas sombrinhas japonesas de papel. Eu disse aos meus amigos, na festa, que ia levar minha sombrinha para casa, para minha filha, e eles me deram as sombrinhas deles para dar a ela também. Ela adorou e brincou com todas por muito, muito tempo, tempo este em que descobri uma canção que falava de uma sombrinha de papel, e nós a cantávamos sempre. Desde então, não me lembro de ter pensado na letra ou na melodia.
>
> Na manhã de 10 de junho deste ano, eu acordei com uma melodiazinha que ficava tocando na minha mente. Por fim, veio a letra, palavra por palavra, e após algumas horas, tempo em que cuidei das minhas tarefas de casa, toda a canção me veio, letra e música. Meu marido estava trabalhando lá

fora, no jardim, e corri para ele e perguntei se ele gostaria de ouvir uma musiquinha adorável que falava de uma sombrinha de papel. Eu a cantei várias vezes e contei sobre como ela havia tocado na minha mente a manhã toda. Ele é muito prático, e riu de mim, achando muita graça, por ficar tão empolgada com aquilo. Depois eu esqueci esse incidente todo.

Em 18 de junho, encontrei, na nossa caixa de correio, um envelope vindo do México que parecia ter mais do que somente folhas de papel dentro. Levei-o para casa, imaginando de quem poderia ser e o que poderia conter, e assim por diante. Quando eu o abri – ali, para a minha surpresa – havia uma sombrinha de papel e um recado da minha filha, que dizia: "Lembra-se da garotinha para quem você trouxe uma sombrinha japonesa depois de ter ido a uma festa de adultos?".

Infelizmente, não havia data na mensagem da minha filha, e devido ao modo como o selo havia se apagado, eu não podia ver a data exata da entrega. Mas eu não havia, claro, escrito para a minha filha sobre ter cantado a musiquinha antes disso, ou pensado com tanta intensidade na sombrinha. Da mesma forma, é muito óbvio para mim que ela captou meus pensamentos ou eu captei os dela. Após todos esses anos, algo tão incomum quanto isso não poderia ser uma coincidência!

Claro que não podia ter sido coincidência! Uma mente se comunica com outra, entre amigos e entes queridos, principalmente, muito mais frequentemente do que nós percebemos conscientemente.

Há pessoas que acreditam que podem se comunicar, de vez em quando, com entes queridos que já se foram, através da mente. Por que não? Se os seres humanos sobrevivem à morte e conseguem se comunicar, mente com mente, enquanto estão na Terra, eles ainda deveriam poder nos alcançar, através da mente, quando desenvolvemos nossos poderes de sensitividade o bastante, ou em nossos sonhos, quando a mente consciente está em branco e estamos no reino subconsciente, não limitados por tempo e espaço.

Arthur Godfrey, numa edição daquela revistinha inspiracional, *Guideposts*, conta uma "experiência psíquica" que ele teve:

> Foi em 1923. Eu trabalhava num destroier da Marinha – a cargo das comunicações de rádio. Eu havia passado por muitos lugares desde que saíra de casa. Os anos e a vida não tinham sido muito gentis, mas a Marinha era um santuário, a única segurança que tive por um bom tempo. Um dia, adormeci na minha cama e sonhei.
>
> Meu pai – eu não o via fazia anos – entrou, de repente, no quarto. Ele me deu a mão e disse: "Até mais, filho!". Eu respondi: "Até mais, pai". Fiz uma oração. Não foi lá muito eloquente, mas foi de coração.
>
> Não o vi mais. Quando acordei, meus colegas me disseram que exatamente no momento em que eu estava dormindo, chegou a notícia, da costa, de que o meu pai havia morrido.
>
> Nem me fale sobre ciência e a explicação exata dela para tudo. Algumas coisas são maiores. Deus é a diferença. Ele está em todo lugar.

Sim, Deus é a diferença. A força do Deus interior. Mas cabe a você desenvolver essa força e aprender a usá-la no seu dia a dia. Treine-se para seguir esses palpites, a orientação proveniente das impressões que vêm até você. Se acreditar em seus poderes mais altos, se tiver fé que eles vão trabalhar para você, eles o farão. E quando passar por alguma experiência, algo similar ao que foi descrito neste capítulo, você nunca mais duvidará disso.

CAPÍTULO 15

SUA MENTE PODE REALIZAR CURAS

Para encarar o mundo, é preciso estar bem de saúde. É preciso ter vitalidade no corpo para sustentar uma mente enérgica. Aqueles que têm de andar por aí com o corpo adoentado e sofrido muitas vezes sofrem de deficiências autoimpostas. Em vários casos, o próprio pensamento incorreto e as reações emocionais erradas provocaram essas enfermidades.

Examine-se! Se você não tem o grau de saúde que deveria, o que você andou fazendo para ajudar a criar essas condições perturbadas? Pode ter certeza de que andou fazendo algo para bagunçar a química do seu corpo, deixando que alguns medos, preocupações, ódios ou ressentimentos se rebelassem dentro de você. Nada acontece por acidente. Há causas por trás até das coisas mais insignificantes. Atualmente, é fato estabelecido que seu corpo reflete as atitudes da sua mente, se essas atitudes se tornam crônicas. Você sabe muito bem que a preocupação e a apreensão podem atrapalhar sua digestão, fazer seu coração acelerar, causar falta de ar e sudorese nervosa. Um susto súbito pode fazer tudo isso. Então nem tente me dizer que o jeito como você pensa e se sente não afeta a sua saúde!

Agora vamos pensar neste ponto importante: se a sua mente tem o poder de deixar você doente, através do pensamento incorreto, ela obviamente tem o poder de fazê-lo ficar bem, de curá-lo, através do pensamento correto.

Não estou alegando que a força de vontade, a força criativa, cura tudo, mas sei que a atitude mental correta ajudará qualquer pessoa que está com um problema de saúde. Você se lembra daquele francês, o Dr. Emile Coué, que dizia às pessoas que elas podiam se curar se adotassem o plano dele? A ideia era muito simples. Bastava dizer a si mesmo, várias e várias vezes: "Todos os dias, de todas as maneiras, estou melhorando cada vez mais".

Muita gente riu do Dr. Coué. O método era tão simples que as pessoas diziam que ele era um maluco. Não havia nada de novo na ideia dele, tanto quanto não há nada de novo nas ideias que propago. É apenas outro jeito de expressar todo o esquema: reiteração, repetição, mantendo em destaque, na mente, o tempo todo, o que você quer. Esses pensamentos positivos, por sua vez, são passados para a mente subconsciente – a força criativa interior.

Pense em saúde, riqueza e alegria, e tudo isso será seu com o tempo. Não tem como ser de outro jeito!

Agora, calma lá! Não vá bobear com isso aqui. Boas ideias, como as do Dr. Coué, perderam seu valor para muitas pessoas porque elas viram outras se empolgando demais. Não dá para se enganar, apenas falando da boca para fora que "Todos os dias, de todas as maneiras, estou melhorando cada vez mais", quando você não está fazendo nada para mudar as atitudes mentais, ou os hábitos ou as práticas equivocadas que levaram você para os problemas de saúde.

Não há como "sustentar o pensamento correto" e esperar chegar a algum lugar se você estiver cheio de "pensamentos incorretos".

Todos nós conhecemos pessoas que vivem falando de dor nas costas, dor de cabeça, dor de estômago ou algum outro tipo de dor. Elas ficam falando, e, antes que percebam, com a reiteração, essas dores viram realidade. Se você tem uma dessas dores, se já determinou que não são nada sérias, apenas nervosismo ou reação de tensão de algum tipo, não há sentido em ficar falando sobre isso, como não faz sentido ficar falando de suas preocupações, seus problemas. Tudo que isso faz é irritar você ainda mais, e os outros. Eles têm preocupações e problemas próprios, de que querem falar, e estão prontos para ficar ressentidos com você por entrar nesse caminho primeiro. E a dor disso pode ser forte; quando você não se sentir bem, essa dor será uma daquelas. Andando por aí com essa expressão abatida, de que você já era, quanto mais repetir o quão mal você se sente, mais certeza terá de que está cada vez mais perto de um agente funerário. Refletir constantemente sobre suas doenças apenas as magnificará e as consolidará para você.

Afaste-se do lado negativo e torne-se uma pessoa afirmativa. Pense de modo afirmativo, e, sem que você perceba, suas dores, suas preocupações e seus problemas desaparecerão. Eles não conseguirão viver abusando se você se recusar a nutri-los.

> "Se tu és afligido por algo exterior, não é esse algo que te perturba, mas o teu julgamento disso. E está em teu poder dar cabo desse julgamento agora mesmo. Mas se algo em tua disposição te dá essa dor, quem te impede de corrigir tua opinião?"
>
> **FILOSOFIA ANTIGA**

O PODER CURATIVO DO AMOR

Cientistas de Harvard, sob a direção do professor Pitirim A. Sorokin, decidiram estudar o poder do amor. Eles já descobriram que o amor tem mais poder sobre a doença do que a medicina. Doses certas dessa emoção podem produzir vida mais longa, mais saúde e alegria, bem como paz de espírito. Jovens e idosos são transformados quando tomam a poção do amor. Se você não gosta de alguém e andou ardendo de ódio por essa pessoa, comece a amá-la e veja o que acontece. Talvez você acabe fazendo um amigo, em vez de um inimigo, e um estômago sem uma úlcera sequer. A maioria dos seres humanos nunca esquece um insulto, mas lembra ainda mais de uma gentileza. Já que semelhante atrai semelhante, você não preferiria distribuir amor e gentileza e receber, em troca, amor e gentileza?

Você já deve ter ouvido pessoas dizendo que vão se vingar de alguém, nem que seja a última coisa a fazer. Andar por aí carregando um ressentimento desses lhes tira muito mais do que da pessoa odiada.

Todos querem ser amados, até mesmo um cachorro, e todos se sentem melhor com amor, até mesmo um cachorro. Você se sente melhor quando ama e é amado. Olhe para as pessoas ressequidas ao seu redor que estão sedentas por amor, caso você pense que o amor não é uma força poderosa, criativa, vital. Diversos cientistas testaram amar algumas plantas e odiar outras, e as plantas nutridas com amor prosperaram, enquanto as plantas envenenadas com ódio, apesar de receberem o mesmo cuidado e rega mecânicos, cresceram menos ou definharam e morreram.

Eu aposto todas as minhas fichas no amor, e não no ódio. Tire o ódio da sua vida, se você quiser obter e manter uma boa saúde.

SUA MENTE PODE CURAR VOCÊ

Existe uma força criativa na mente que, se orientada de modo adequado, pode curar você. Eu usei esse poder para curar diversas perturbações físicas que surgiram em mim por causa do pensamento incorreto, e você também pode aprender a usá-la.

Um dos meus melhores amigos é o Dr. Frederick Bailes, diretor da grande Igreja da Ciência da Mente, em Los Angeles. Ele conduz um serviço de cura todo domingo de manhã no Fox Wilshire Theatre, que inclui um período de meditação e faz valer a pena cruzar todo o país para passar por essa experiência. Um público de 2,5 mil pessoas se senta em silêncio absoluto, chamando essa força criativa dada por Deus, aquele "algo" dentro delas. Cada um imagina a condição física que precisa de correção, neles e em outras pessoas, restaurada para o normal. Os resultados sempre beiram o impressionante, e isso ocorre porque o Dr. Bailes é um homem que praticou o que prega. Ele se curou e sabe como ajudar os outros a se curarem. Por esse motivo, eu pedi ao Dr. Bailes que lhes contasse sobre o processo de cura dele, para que vocês possam aplicar esse mesmo método a suas necessidades específicas. Aqui vai:

> Em 1915, eu estava concluindo meu treinamento na Escola Missionária de Medicina de Londres, conectada ao Hospital Homeopático de Londres, preparando-me para ir à Bolívia como médico missionário. Um mês antes da formatura, fiquei doente. Os exames laboratoriais confirmaram o diagnóstico de diabetes, que era invariavelmente fatal, principalmente numa pessoa mais jovem. Os melhores médicos da rua Harley me deram um ou dois anos de vida.
>
> Nessa época, eu estava aprofundado na tradição médica, e teria usado métodos médicos de tratamento, mas como isso se deu cinco anos antes do trabalho de Banting com insulina, não havia remédio que fizesse efeito nessa doença.
>
> Dois dos médicos visitantes com quem eu tinha trabalhado no hospital estavam começando a lidar com a interação entre mente e corpo. Tínhamos experimentado com certos pacientes externos o uso de placebo, que eram cápsulas não medicinais feitas para parecer medicamentos. Em muitos casos, descobrimos que o placebo produziu tanta melhora

quanto se esperava que produziria o medicamento genuíno. Por exemplo, orientávamos o paciente a tomar três pílulas ao dia por uma semana, depois pedíamos ao dispensário que emitisse o suficiente para cinco dias, e todas as quinze pílulas eram placebo. Em geral, o paciente dizia, quando retornava: "Doutor, eu me senti bem até quinta, mas então acabaram meus remédios, e sofri terrivelmente nos últimos dois dias".

Como alguns desses pacientes tinham doenças muito sérias, e eu já tinha visto pacientes sob hipnose aliviados de sofrimento extremo sem o uso da morfina, concluí que algum tipo de técnica mental poderia funcionar para mim, principalmente se eu a fizesse de olhos abertos, sem a necessidade do placebo.

E foi o que eu fiz. Como uma miríade de células novas era construída a todo momento, e como cada uma era construída sob a ideia dominante da saúde ou da doença, eu resolvi que rotularia cada célula nova com o conceito de saúde, estrutura certa, ação certa, função certa, e começaria a elogiar o corpo por sua cooperação e assistência mútuas, uma parte com a outra.

Felizmente, eu tinha grande conhecimento da estrutura interna do pâncreas, tendo dissecado vários deles, e sabia até desenhar as ilhotas de Langerhans, que são o laboratório químico no qual a Inteligência Infinita sintetiza a insulina, a partir dos componentes desta. Comecei a conversar com ele, dizendo que sabia que ele queria funcionar, que ele não gostava de ficar parado, como se estivesse de greve, que algo em minhas atitudes mentais e emocionais o tinha desviado de sua disposição para trabalhar, e que, dali em diante, ele teria toda a cooperação de que precisava de mim.

Talvez alguém pergunte: "Mas você acreditava que ele podia ouvir?". Claro que não! Mas apenas enquadrar a imagem desse jeito fez algo em mim. Eu era um novato na metafísica, e não sabia nada das técnicas; eu estava tão sozinho quanto Robinson Crusoé nesse novo mundo espiritual, e essa foi a melhor forma que encontrei de pensar para contrabalancear qualquer coisa, em mim, que tivesse causado essa interrupção.

De uma coisa eu tinha certeza: a imagem mental podia produzir mudanças no corpo. Eu já tinha visto isso no hospital. Eu estava passando a ver que este universo é um universo de puro pensamento. E eu nem conhecia, na época, as pesquisas em que astrofísicos notáveis como Eddington e Jeans estavam embarcando, e que fizeram tanto para provar que o Universo é um grande pensamento, revestido de forma. Mas eu acreditava muito que cada nova célula podia receber a impressão do meu pensamento recentemente orientado, então eu usava quaisquer palavras que me ajudassem a de fato acreditar nas palavras que eu dizia ostensivamente ao meu corpo.

Os experimentos do hospital tinham demonstrado que pensamentos e crenças podiam definitivamente afetar o corpo, às vezes com doenças sérias. Mas até onde eu sabia, ninguém tinha sido curado de doença tão séria quanto o diabetes. Entretanto, quando a alternativa é a morte, uma pessoa desesperada tenta de tudo.

Eu sabia que nada acontece no Universo sem alguma atitude prévia de inteligência. A ação é precedida pela atividade mental. O Universo é o que Jeans chama de "o pensamento do Pensador Matemático, condensado em forma rigorosa". O corpo do homem poderia, muito razoavelmente, ser, para o homem, o que o Universo é para o Pensador Infinito, a imagem exterior de seu pensamento individual. Como todo pensamento é criativo, a natureza e a condição daquilo que está sendo criado dependeriam da natureza e da condição desse pensamento. Eu achava que tinha base sólida, razoável e lógica ao fazer a tentativa de acionar esse processo criativo rumo à função perfeita.

Por oito ou dez semanas não houve mudança aparente, mas eu persisti. Então, numa semana, o exame de laboratório mostrou uma ligeira baixa no açúcar. Na semana seguinte, a queda foi maior. Infelizmente, eu não registrava nada, portanto esses períodos talvez não sejam muito precisos, mas minha lembrança geral é que o açúcar baixou ao longo de muitas semanas. Então, sem motivo aparente, subiu de novo. Isso foi muito desencorajador, mas continuei com meus procedimentos, e o açúcar baixou de novo. Esse subir e baixar intermitente continuou por quase seis anos, tempo em que eu fui, aos poucos, ganhando um senso de domínio sobre a condição.

O fator que me encorajou foi que cada pico das subidas nunca era tão alto quanto o pico anterior. No fim, chegou o dia em que a análise de urina revelou o fato de que o açúcar tinha caído a ponto de não ser captado em percentagem registrável, e o resultado do exame apenas informava traços de açúcar. Mas esse traço persistiu por provavelmente seis ou oito meses antes de vir, do laboratório, o resultado de açúcar negativo. Esse deve ter sido o dia mais feliz da minha vida, entretanto fui cauteloso por alguns meses, ainda evitando muito os carboidratos da dieta.

Aos poucos, cheguei à conclusão de que meu problema tinha acabado, e a essa altura eu tinha aprendido a pôr certa finalidade na minha crença, para que eu soubesse que nunca mais seria colocado sob o jugo dessa doença.

Por mais de trinta anos, comi todo o açúcar e o carboidrato que eu quis. Nunca, na vida, usei uma gota sequer de insulina. Tenho mais energia e vitalidade do que a maioria dos homens da minha idade, e tem sido uma alegria suprema ensinar a milhares de pessoas o princípio criativo que me tirou da sombra da morte.

Isso não é empolgante? A mesma força criativa está em você neste exato minuto, pronta para que a convoque, para servir a você, como a força criativa na consciência do Dr. Bailes lhe serviu. Basta começar a usá-la, chamá-la, orientá-la, exercitar sua vontade, determinação, persistência, visualização e fé.

SE VOCÊ ACREDITA, ACONTECE!

Leia e releia a descrição do Dr. Bailes de como ele conseguiu, mantendo em mente, o tempo todo, como você pode aplicar esses métodos na sua vida.

Mas não fique de brincadeira com isso. Lembre-se daquela pérola da sabedoria que diz: "Os bebês engatinham para depois poder andar". Se você for diabético, não pule em águas fundas antes de aprender a nadar. Comece a preparar sua mente, libertando-a de medos e preocupações, e de todo tipo de perturbação emocional. Faça contato com essa força criativa dada por Deus – essa força curativa. Experimente com ela em coisas pequenas. Observe como seu corpo responde, como sua saúde melhora, conforme você mantém atitudes mentais mais contentes e confiantes. Quaisquer estados mentais e emocionais que contribuíram para lhe trazer seu problema físico devem ser removidos. Conforme fizer isso, certamente vai melhorar sua saúde geral. E pode, então, chegar até você o poder de empregar a cura na sua vida, como o Dr. Bailes pôde demonstrar na vida dele. Cheque seu desenvolvimento, seu progresso, com seu médico. Todos os médicos, atualmente, admitem a grande ajuda que uma atitude mental correta pode ter em toda recuperação física. Eles sabem que a fé é uma força poderosa, que, quando os gêmeos assassinos, o medo e a preocupação, são extinguidos, a maior parte do trabalho já foi feita.

Nunca desista da esperança. Se os médicos lhe deram uma sentença de morte – você precisa depender totalmente da fé e do poder curativo dado por Deus que há dentro de você. Sob essas circunstâncias, pode ser possível ativar as células do seu corpo através do seu pensamento correto, para que ocorra a cura. Isso já aconteceu com milhares de pessoas, quando toda a esperança parecia ter acabado; e o que conseguiram fazer, você também consegue.

Estamos começando a compreender o potencial dessa força curativa que todos temos dentro de nós, não somente como pode ser utilizada por nós, mas como podemos aplicá-la para os outros, e até para ajudar nossos animais de estimação. Sim, qualquer coisa que possui inteligência pode ser alcançada por nós – através do sentimento. Você tem um sentimento forte de amor por um ente querido, e um sentimento diferente, mas igualmente intenso, por um cachorro, um cavalo ou um gato, ou algum outro animal. Esses sentimentos em geral são mútuos. Dá para sentir o amor que um ente querido tem por você, o amor de um cachorro, um cavalo ou um gato, qualquer forma de vida com a qual você esteja em harmonia.

UM CASO IMPRESSIONANTE DE CURA

Como prova disso, agora vou apresentar um caso quase inacreditável, mas bem documentado: como Ann Davies, outra amiga minha, que entende e opera aquele "algo", a força criativa interior, realizou uma cura instantânea em sua cachorra, Tzaddi.

Aqui está a história de Ann, que é sustentada por uma declaração do veterinário e cinco testemunhas do fenômeno:

> Há mais de dois anos, reparei em algo que crescia na boca da minha cachorra, Tzaddi, mais ou menos do tamanho de uma ervilha. Achei que fosse uma verruga, e, como ela parecia não estar incomodada, não me preocupei muito. Entretanto, de tempo em tempo, eu examinava a boca de Tzaddi, e, cerca de um ano atrás, notei que a bolinha estava ficando maior.

Em junho de 1952, a bolinha começou a crescer mais rápido, e fiquei preocupada, então levei Tzaddi ao nosso veterinário, para o diagnóstico. Ele examinou a boca de Tzaddi, e me disse que a bolinha era um tumor, e que os tumores de boca são muito sérios, pois quase sempre são malignos, e recomendou que eu não demorasse a levá-la para cirurgia.

Devido a circunstâncias além do meu controle, eu não pude levar Tzaddi de volta ao veterinário até 4 de setembro de 1952, tempo em que o tumor tinha crescido de modo alarmante, estando, agora, do tamanho de metade do meu dedão. Tzaddi estava bem incomodada, e todos os meus amigos andavam reparando nisso também.

O Dr. Short ficou preocupado com o crescimento rápido, e disse que devíamos operá-la imediatamente. Marcamos a cirurgia para sábado de manhã, 6 de setembro, às oito da manhã.

Fui deitar-me tarde na noite de sexta, 5 de setembro. Na verdade, já eram duas da manhã do sábado quando fui para a cama, após dar à minha cachorra o biscoitinho de boa-noite, que ela teve muita dificuldade de mastigar, e eu vi a bolinha na boca. Comecei a fazer minhas orações de cura para várias pessoas que conheço, que sempre faço antes de dormir, quando subitamente me ocorreu que tinha sido grande tolice minha não rezar pela Tzaddi, então fiz um pouco de trabalho mental por ela, e depois fui dormir.

O alarme me acordou às sete da manhã, e me vesti rapidamente, peguei Tzaddi e fui até o veterinário, chegando lá poucos minutos antes das oito. Quando me sentei na cadeira com a Tzaddi, de repente me lembrei do que tinha feito na noite anterior e dei uma olhada na boca. Não havia tumor! No entanto, eu o tinha visto apenas seis horas antes. Olhei de novo, e examinei com mais atenção, mas nem consegui ver onde o tumor esta-

> va antes. A área estava lisa e limpa, e com exatamente a mesma aparência do restante da gengiva.
>
> O médico chegou bem nessa hora e confirmou meu achado. Levei Tzaddi para casa, radiante, e desde então sou imensamente grata à força da vida por poupar meu bichinho da dor da cirurgia, ou até do pior.

Essa é a história de Ann Davies, e tenho a declaração assinada pelo veterinário, o Dr. R. W. Short, confirmando cada afirmação que Ann fez. Tenho, também, outra declaração, assinada por cinco amigos, testemunhas dessa cura impressionante, dois deles que conheço pessoalmente: Felix V. Frazer e o Dr. Paul Foster Case. Os outros três são Rosalie Gordon, Thelma Herkelrath e Bonnie Davies.

Nunca diga que algo é impossível diante disso e de tantas evidências, de diversas fontes, de que o poder de cura da mente é ilimitado em seu funcionamento.

De algum modo que não podemos compreender, quando Ann Davies visualizou a boca de sua cachorra, Tzaddi, como era antes de aparecer a bolinha, isso alcançou a força criativa no interior da consciência da cachorra e, assim, ativou-a, e então ocorreu uma cura instantânea.

Isso abre um novo campo de especulação. Será possível, já que os cães não aprenderam a falar, não tiveram sua mente de cão preenchida com palavras às quais certos significados foram dados, que os cachorros e outros animais assim tratados possam responder mais rapidamente e efetivamente que os humanos?

Lembre-se de que eu enfatizei que não pensamos em palavras. Nós pensamos em imagens! A linguagem universal do sentimento, como o sentimento pode ser comunicado sem palavras, é extrassensorial.

Certamente, algo aconteceu, algo definitivo, em resposta à imagem que Ann Davies sustentou em sua mente. E o que aconteceu uma vez pode acontecer muitas vezes mais, quando a mesma lei criativa é entendida e aplicada a seres humanos, bem como a animais.

Na verdade, eu acredito que os homens estão relacionados a todas as formas de vida, separados somente pela forma corporal que habitam. Algum dia, o ser humano desenvolverá a inteligência para se comunicar, com compreensão, com diferentes formas de vida, não através da linguagem, mas do sentimento.

Quem sabe? Talvez o poder do amor tenha se unido à força criativa e feito essa cura. A inteligência opera na matéria e sobre a matéria, mas não é matéria. Essa deve ser, mesmo, a explicação. A mente é a governante básica, e, quando a mente toma o controle, tudo que é aparentemente material deve alterar sua forma segundo o que a mente determina. Como no exemplo do ímã e dos clipes de papel.

Há uma mina de ouro de saúde neste capítulo. Arregace as mangas e vá cavar!

CAPÍTULO 16

AS SUGESTÕES MENTAIS CORRETAS PODEM INFLUENCIAR AS PESSOAS

Você já ouviu falar muitas vezes do poder da sugestão: quão fácil é deixar doente uma pessoa sugerindo constantemente que ela não parece muito bem. Se uma quantidade suficiente de pessoas conspirar para tanto, uma pessoa comum não aguenta. Acaba ficando doente.

Rever monótona e persistentemente o crime cometido, em geral, faz aquele que infringe a lei confessar. Por trabalhar em jornal, eu participei de muitas "sessões de interrogatório". Vi detetives e promotores encurralarem um indivíduo e dispararem perguntas nele até o rosto ficar coberto de suor, e ele ficar nervoso e ansioso. É a repetição letal, a reiteração, aquele um, dois, três, através do poder da sugestão, que causa a confissão.

Um bom vendedor usa o poder da sugestão o tempo todo. A venda é feita quando ele faz o cliente pensar como ele, e a não ser que ele acredite que o produto que está vendendo seja bom, obviamente não conseguirá fazer o outro acreditar nisso.

Isso é senso comum básico. Então, se você trabalha com vendas, tenha em mente o que eu disse antes sobre conhecer seu produto e saber vender a si mesmo – isso representa 99% do sucesso em vendas; o restante 1% é o trabalho de correria atrás de clientes.

Você precisa entender que pender as pessoas para a sua vontade ou fazê-las agir como você quer é simplesmente fazer com que elas pensem como você pensa, e isso é muito fácil. Pelo menos parece algo fácil quando você aprende como isso é feito.

Elmer Gowing, de Marion, Indiana, era o maior vendedor de "qualquer coisa" que eu já conheci na vida. Não fazia diferença alguma qual era o produto, o projeto ou a ideia – Elmer conseguia vender. Um clube cívico criava um projeto de algum tipo que não dava muito certo pois seus membros não conseguiam vendê-lo para a comunidade. "Chamem o Elmer!", alguém dizia, e convocavam aquele homem alto, esguio, simples e bem-humorado. Ele ouvia os méritos do projeto e saía dizendo: "É só isso mesmo? Por que não me pedem algo mais difícil?". Então Elmer desaparecia, e em poucas horas retornava com apoiadores suficientes para tocar o projeto. O modo como fazia isso era segredo.

Um dia, a Câmara Júnior dos EUA estava organizando um show de calouros. Imprimiram os ingressos tarde demais, e a publicidade local do evento não foi lá muito boa, com a consequência de que, no fim da tarde da véspera do evento, muito poucos ingressos tinham sido vendidos.

"Onde está o Elmer?", perguntou o presidente. "Parece que ele será a nossa única salvação, e acho que nem o Elmer vai resolver desta vez!"

O PODER DA SUGESTÃO

Elmer foi chamado, e lhe deram um pacote com quinhentos ingressos, que custavam US$ 1 cada. "Consegue vender todos esses até amanhã à noite?", perguntaram. Elmer olhou para o pacote e olhou para a frente, para o vazio. "Consigo", disse, "se você conversar com meu chefe para me liberar do trabalho". Às quatro e meia do dia seguinte, Elmer entrou na sala da Câmara com os bolsos cheios de notas e cheques. "Pelo visto a casa estará cheia amanhã", disse, sorrindo. "Acabaram todos – e eu teria conseguido vender mais!"

Isso foi demais para mim. Eu tinha de obter o segredo de Elmer, então fui vê-lo. "Que acha de almoçar comigo amanhã, na Spencer House?", eu disse. "Eu te pago o melhor prato da cidade, em troca de saber a verdade do seu poder de venda. Combinado?" "É tão simples", disse Elmer, "que eu estaria abusando de você, mas gosto muito de comer". No dia seguinte, assim que terminamos de almoçar, olhei para o Elmer, na expectativa. "Muito bem, Elmer", comecei, "eu cumpri minha parte do trato. Sua vez!"

Em vez de me responder, Elmer estava brincando com a faca. Ele a pegou e examinou.

"Eu não tinha notado antes", observou ele, "mas esse faqueiro é bom demais para ser do tipo usado num hotel. Posso estar errado, mas parece que é da Gorham. *Design* diferente. Será que o hotel comprou num leilão? Preciso perguntar ao gerente, Thornburg, na próxima vez que o vir". Ele me passou a faca. "Repare como é leve, muito autêntica, também... isso aqui é mesmo coisa de alto nível."

Eu peguei a faca, um pouco irritado com essa digressão, pois estava ávido para que Elmer começasse a falar de sua técnica de venda.

"Olha, se eu pudesse comprar um faqueiro desses por um preço bom, eu ficaria tentado", continuou Elmer, enquanto eu segurava a faca e prestava atenção nela. "Que achou dela?"

"É muito bonita mesmo", eu concordei. "Leve, como você disse, bom *design*. Fico surpreso que o hotel tenha um faqueiro desse nível." "Você não gostaria de ter um faqueiro desse?", perguntou Elmer. "Digo, se o preço estivesse bom." "Ah, acho que sim", eu concordei.

Elmer estendeu a mão. "Eu te vendo essa faca. Quero 25 centavos por ela!"

Por instinto, eu me peguei levando a mão ao bolso para pegar 25 centavos. Elmer conduziu essa sugestão de modo tão inteligente, captou meu interesse até o ponto em que, quando disse o valor, eu me senti quase forçado a comprar uma faca que nem era dele!

"É só isso!", disse Elmer, sorrindo. "Faça o cliente aceitar seu produto ou sua proposta, seja qual for; coloque nas mãos dele, desenvolva essa apreciação, faça com que ele concorde com você, e lembre-se do ponto mais importante em vendas – 'posse é nove décimos da lei'. Uma vez que a mente do indivíduo aceita o produto ou a ideia, e os tem em sua posse, ele não quer abrir mão. É mais difícil, para ele, devolver o objeto para você do que levar a mão ao bolso e pagar por ele!"

Eu posso, com certeza, dar testemunho da veracidade dessa afirmação, sobre não querer abrir mão de um produto. Parece bobagem, mas ainda me sinto impelido a dar o dinheiro a Elmer e ficar com a faca. Eu fiquei com essa vontade, mesmo sabendo que a faca pertencia ao hotel. Isso, para mim, foi vender no máximo grau!

Se você é vendedor ou tem um negócio próprio, pode melhorar os negócios como resultado do pensamento correto. Quando os outros lhe dizem que os negócios vão mal, que as coisas estão difíceis, indo de mal a pior, e lhe passam outros pensamentos negativos dessa natureza – se você aceitar esses pensamentos e assimilá-los, seu negócio vai mesmo acabar indo de mal a pior. Não duvide disso. Então, ao conversar com outras pessoas de cabeça baixa, arrastando os pés, com a expressão de um choramingador profissional, você os coloca para baixo, e quanto mais você circula e conversa (um, dois, três, insistindo na mesma história pessimista) e principalmente se você pensa e fala com ares de convicção, mais prejuízo você causa a si mesmo e a todos ao seu redor.

Você está criando pensamentos – na verdade, pensamentos de medo –, vibrações com grande alcance. Os pensamentos de medo são terrivelmente contagiosos e se espalham como um incêndio. Ao contrário, quando você direcionar seus pensamentos (visualizando) para a melhoria de seus negócios, suas vendas, seus lucros, sem ter nenhuma preocupação sua (mantendo a mente fechada para a insistência dos pensamentos dos outros) e pondo entusiasmo, energia e ação no seu programa – seu negócio, suas vendas aumentarão automaticamente.

VOCÊ PRECISA TER A CHAMA DO ENTUSIASMO!

Você precisa ter sempre em mente que a chama intensa do entusiasmo se torna uma conflagração que afeta toda a sua vibração contanto que você a irradie. As vibrações que você espalha com seus poderosos raios de entusiasmo inspiram os outros, elevam-nos, constroem e atraem negócios, assim como as vibrações de medo põem os outros para baixo, repelem e destroem.

É um fato indiscutível, em qualquer época, que sempre existem negócios em algum lugar para a pessoa que acredita que eles existem e corre atrás deles; mas não existe nada para quem tem certeza de que não existe, nem faz menção de se mexer.

A sugestão é uma das forças mais poderosas do mundo. Ela tem poder equivalente em duas direções – positiva e negativa –, a depender da direção que você lhe dá.

Como um emergente, você pode usar a sugestão sobre si mesmo, para obter vantagem excelente. Agora que você conhece a potência do pensamento, quando se flagrar tendo atitudes mentais negativas sobre qualquer coisa que estiver fazendo ou sobre o futuro, pare tudo. Reconheça nesse mesmo instante o prejuízo que está causando a si mesmo permitindo que tais pensamentos residam na sua consciência. Substitua essas imagens mentais equivocadas por sugestões visuais fortes do tipo certo. Veja-se superando qualquer dificuldade que está enfrentando, fazendo um trabalho melhor, conseguindo um resultado melhor amanhã. Lembre-se: a força criativa só consegue trabalhar naquilo que você dá para ela. Um construtor tem que trabalhar a partir de uma planta. Se houver defeitos na planta, e ele não souber disso, esses defeitos aparecerão na obra concluída. A menos que você descubra seu pensamento incorreto, as sugestões erradas que você dá a si mesmo todos os dias, atrairá o que está visualizando. Passe essas sugestões para seus amigos e parceiros, e, se as aceitarem, eles o ajudarão a produzir essas mesmas condições que você imaginou.

O QUE VOCÊ ESTÁ FAZENDO COM A MENTE DOS SEUS FILHOS?

Os pais e os adultos cometem mais pecados contra os filhos, dando-lhes as sugestões erradas, do que eles mesmos são capazes de pecar.

"Não vá sair vestido desse jeito – você vai pegar uma gripe daquelas!" "Cuidado – assim, você vai ser atropelado!" "Não toque nisso; vai quebrar!" "Sabia que você ia fazer isso! Você não vê o que está fazendo?" "Não fique fora até tarde – pode acontecer algo de ruim com você!" "Fique longe da água – você pode se afogar." "Não quero que faça isso – melhor eu fazer para você!" "Pelo que é mais sagrado, fique quieto! Você não sabe de nada!" "Não, claro que não – não confio em você!" "Se não parar com isso, vou chamar o policial para ele te prender." "Você não deveria ficar fazendo esse tipo de pergunta – você não tem idade suficiente para saber dessas coisas!" "Ah, não acredito que fez isso de novo! Bem, era bem isso que eu esperava." "Sai daqui. Você é um estorvo! Não sei nem por que você nasceu!" "Ora, seu pestinha! Que raiva! Eu poderia matar você!"

Você já deve ter ouvido essas sugestões agradabilíssimas e muitas, muitas mais. E o mais surpreendente é que filhos que foram sujeitados a esse tipo de pensamento incorreto altamente emocionais acabam se saindo bem.

A melhor sugestão de todos os tempos, como reportado por uma revista de Little Rock, Arkansas, foi feita por uma mãe exasperada, num ônibus, que estava tentando alimentar o bebê do jeito mais antigo. O bebê, por algum motivo, não estava interessado em mamar, e finalmente a mãe exclamou: "Se não pegar o peito, eu vou lá dar para o motorista!".

Sem dúvida, muitos pais são levados à loucura pelas travessuras dos filhos, e se sentem forçados a usar qualquer coisa, exceto a força bruta, para que as crianças lhes deem ouvidos, mas não é aconselhável usar sugestões de medo ou destrutivas como medida corretiva. Quando uma criança é reprimida desse jeito, principalmente se estiver num estado emocional, essas imagens mentais equivocadas de erros e mau comportamento e a ênfase que você mesmo dá a esses defeitos tomam conta da consciência dela, fazendo-a desenvolver uma suscetibilidade maior a justamente essas coisas que você quer que ela evite ou elimine.

A criança recatada, deslocada ou retraída começa com inibições naturais, e se os pais ou os adultos constantemente a lembram (repetição, reiteração) de quão recatada, deslocada ou retraída ela é, a criança tende a ficar assim ainda mais. Essas são as crianças que mais precisam do melhor tipo de sugestão positiva. Alguns professores agora reconhecem essa necessidade, e ficam dizendo, em segredo, para crianças feias e retraídas, sempre que têm oportunidade, coisas como: "Você está ficando mais bonita a cada dia que passa!", "Você está evoluindo tanto!". Como plantinhas que não foram alimentadas, essas crianças respondem e se desenvolvem de maneira impressionante, em pouco tempo. Teste esse método, reforce-o com a expressão do amor – e veja milagres acontecerem.

Experimentos de hipnose já demonstraram, de diversas maneiras, o poder da sugestão. Uma vez que a resistência da mente consciente é removida, e a mente subconsciente pode ser alcançada de modo direto, ela responderá no mesmo instante a quaisquer sugestões que lhe forem dadas, se o que for sugerido estiver dentro dos critérios morais do indivíduo. Quando sugestões repugnantes ao caráter básico da pessoa são dadas, ela se recusa a responder ou sai do estado de hipnose. Seria preciso uma série de sugestões designadas a alterar os conceitos morais presentes para que um indivíduo ficasse disposto a cometer qualquer ato contra seu padrão fixo de conduta. Isso indica claramente que você não muda seus atos enquanto não muda sua mente, que o que você se tornou através de experiências e pensamentos anteriores, você continua a ser até algo causar uma mudança no seu jeito de pensar.

VOCÊ PODE SER INFLUENCIADO ENQUANTO DORME!

Os psicólogos têm descoberto que podemos ajudar muitas pessoas, jovens e mais velhas, a superar diversas fraquezas e hábitos pessoais, bem como inibições e inferioridades, dando-lhes sugestões, à beira da cama, enquanto elas dormem. A mente subconsciente nunca dorme. Está sempre ciente do que está acontecendo, dentro de você e no entorno. Em geral, no entanto, quando você está perturbado mental e emocionalmente, e quer controlar sua mente e seus sentimentos, vê que isso é quase impossível de fazer enquanto você está acordado. Se um ente querido com quem você tem um laço de empatia e compreensão pudesse sugerir suavemente, porém positivamente, depois do seu adormecimento, que você vai superar suas dificuldades, esses pensamentos poderiam abrigar-se na sua consciência e ajudá-lo a desenvolver uma atitude mais positiva.

Toda a vida é sugestão. Você está constantemente aceitando ou rejeitando cada experiência que chega até você. Se a aceita, sua mente passa a agir nisso, para o bem ou para o mal, a depender da natureza e do caráter da experiência.

O que você faz e o que diz, como você expressa sua personalidade diante dos outros, isso exerce um efeito sugestivo neles, e eles, por sua vez, têm um efeito sugestivo em você. A personalidade mais positiva sempre domina a menos positiva ou emerge como líder de um grupo. Pessoas negativas são atraídas por pessoas positivas porque instintivamente buscam a presença dos outros; e, caso queiram sinceramente desenvolver qualidades mais positivas em si mesmas, sabem que isso pode ser feito de um jeito melhor emulando aqueles que possuem força positiva.

Agora não saia por aí acentuando o positivo apenas para ser positivo. Não quero que você comece a espalhar por aí sua força positiva. Mas uma pessoa equilibrada, mental e emocionalmente, tem todas as evidências exteriores desse equilíbrio em postura, autoconfiança, charme e expressão tranquila, e interesse amigável pelos outros. A manifestação da força positiva é tranquila. É como as malhas macias, porém poderosas, de uma engrenagem hidráulica. Você mal percebe que ela está agindo, mas a força existe, e essa força pode ser passada de baixa para alta, instantaneamente, sem muito esforço. Quem tenta dominar à força está usando errado essa energia e revelando certos defeitos de personalidade. Essas pessoas estão, na verdade, encobrindo sentimentos de inadequação e inferioridade; tentam ostentar uma aparência de poder para chamar atenção. Isso pode dar certo por um tempo, mas elas não seguram esse sucesso.

VEJA A SI MESMO COMO VOCÊ QUER SER!

Olhe para o espelho. Avalie-se. Você é a pessoa que gostaria de ser? Se não, dê a si mesmo as sugestões que podem ajudá-lo a tornar-se aquilo que você quer ser. Visualize uma imagem mental de como gostaria de parecer para os outros, como gostaria de expressar sua personalidade. Ponha essa imagem mental por cima da sua imagem atual, que você tem à sua frente. Enxergue as mudanças que precisa gerar em si mesmo como se já tivessem acontecido. Repita essa visualização dia após dia, noite após noite. Trabalhe nisso! Lembre-se do poder da repetição, da reiteração, um, dois, três!

Se os outros criticam você ou não acreditam que é capaz de fazer o que quer fazer, não aceite as sugestões deles. Analise-se para determinar se as críticas são justificáveis ou não; se forem, remova qualquer ressentimento que você ainda tem por causa dessas críticas, agradeça por esses defeitos terem sido levados ao seu conhecimento, e entre em ação para eliminá-los, para que eles não mais comprometam sua jornada rumo ao progresso. Mas sustente sua crença em si mesmo! Se perder isso, você perde tudo. Todo sucesso, maior ou menor, começa com fé em si mesmo e fé na força criativa. Você precisa ter fé, e precisa manter essa fé – para ir de onde está até onde você quer estar.

Diga a si mesmo: "Todos os dias, eu vou melhorar, e no fim terei removido as falhas que descobri em mim. Todos os dias vou obter maior controle sobre a minha mente e as minhas emoções. Todos os dias vou superar mais de meus medos e minhas preocupações e demais pensamentos destrutivos. Todos os dias estou desenvolvendo mais saúde, felicidade e prosperidade. Todos os dias vou encontrar melhores oportunidades para servir aos outros e fazer coisas que valem a pena. Todos os dias...!".

Comece por aqui. Crie seus amanhãs, com suas sugestões positivas, aplicadas a você e a suas necessidades.

CAPÍTULO 17

O PERIGO DE USAR ERRADO O TNT

Explosivos poderosos devem ser manuseados, o tempo todo, com cautela. Seus detonadores estão prontos, você está se preparando para liberar a força interior, então agora chegou a hora de avisá-lo do que não deve fazer, em conexão com essa carga poderosa de TNT que carrega por aí, no bolso.

Se usar errado essa força, ela vai explodi-lo, e também tudo que você preza. Como você foi criado como um ser de livre-arbítrio e livre escolha, pode escolher usar esse poder para o mal, mas fará isso por sua própria conta e risco. Milhões de seres humanos se destruíram ao fazer isso, e outros milhões ainda o farão, até que a humanidade entenda totalmente e ganhe controle sobre esse poder. Esse é o crime das eras, que o homem tenha precisado de tantos séculos de escuridão para começar a obter uma compreensão de si mesmo e de sua força dada por Deus, que, se usada corretamente, poderia já ter trazido ao homem, muito tempo atrás, paz e felicidade duradouras, prosperidade e saúde, e tudo de bom que ele já desejou.

Hoje, o pensamento incorreto, ódios, ressentimentos, ambições, medos, preconceitos e outros sentimentos destrutivos, em todas as raças, estão levando inexoravelmente, a não ser que sejam liberados por um novo entendimento de si e dos outros, ao cataclismo das eras.

Não dá para trancar esse poder para sempre, pois logo ele tem de se manifestar de alguma forma, boa ou ruim, neste mundo exterior. Olhe ao redor. Veja a inquietude difundida, o sofrimento e as privações humanas em tantos países, as pressões econômicas, os ódios e preconceitos violentos, a má vontade crescente, as guerras e as ameaças de guerras – tudo feito pelo homem, pelo pensamento incorreto dele.

O que se pode fazer com isso? Como podemos conter esse perigoso uso incorreto do TNT, para evitar uma destruição indizível da humanidade e de tudo que ela preza?

Algo deve ser feito! E é você quem tem que fazer! Não podemos mais esperar que os outros entrem em ação. Você mesmo deve começar. Toda mente que usa essa força como deveria ser usada acrescenta algo positivo e construtivo para o pensamento universal. Você pode exercer grande influência em seus amigos, entes queridos e comunidade. Seja realista em sua abordagem, sem ser negativo.

Aconteça o que acontecer, você pode obter bastante orientação e proteção para si pelo uso correto da sua mente, aqui e agora. Na verdade, o poder da mente de libertar ou destruir o homem deveria ser anunciado dos telhados das casas. Deveria ser lançado o mais abrangente programa educacional, em toda a história mundial, para revelar ao ser humano o que ele tem feito... a si mesmo.

A história está repleta de pessoas que começaram a usar esse poder e foram rapidamente se tornando a atração principal por causa disso. Contudo, sucumbiram à tentação de usar esse poder para propósitos egoístas, para tirar vantagem dos outros, conquistar dominação sobre eles. E, embora tenham se saído bem por um tempo – alguns deles em nível mundial –, todos tiveram um fim trágico. Preciso apenas mencionar mais uma vez homens como Nero, Júlio César, Mussolini, Hitler, Stalin, Lenin... Pense em toda a tristeza que eles causaram à humanidade, o poder que um dia tiveram, e como o mal que criaram, através do uso equivocado desse poder, vive depois deles; em alguns casos, até com o passar das eras.

Fique atento a como você usa esse poder. Não deixe seu ego se expandir quando você vir que esse poder começou a elevá-lo!

Ouça a voz da consciência. Pergunte a si mesmo, a cada passo que planeja dar: "Estou fazendo um uso correto desse poder? Estou empregando esse poder de maneira que causará danos a alguém, com o tempo, e a mim mesmo? Estou tentando avançar rápido demais, antes de estar pronto para as responsabilidades, oportunidades e experiências que estou atraindo?".

PROGRIDA DEVAGARINHO, MAS COM DETERMINAÇÃO!

Sim, é possível que você alcance sucesso – sucesso temporário – rápido demais. Essa força interior não tem a capacidade de analisar ou determinar quão pronto você está para lidar com o que deseja, do jeito certo, quando o obtém. Tudo que ela tem a capacidade de fazer é entregar-lhe o que você a instrui para entregar, através do tipo de imagens mentais criadas. É você que tem que julgar se está à altura das demandas que faz à força interior.

Você se conhece melhor do que qualquer outra pessoa. Sabe o que pode e o que não pode fazer, dentro de certos limites. Sabe, por exemplo, se acabou de sair da faculdade, que ainda tem de equilibrar sua instrução com a experiência, que não pode começar no topo de uma companhia ou indústria. Sabe que não há como ter sucesso somente com a força do seu diploma. Espero que você saiba disso! Mas já conversei com centenas de indivíduos que fracassaram nos negócios, que não tiveram sucesso na vida, que saíram para o mundo com a sensação de que o mundo lhes devia o sustento... que sua instrução os qualificava para qualquer coisa que quisessem. Eles usaram esse poder, com a ajuda de uma personalidade agradável, para ganhar cargos de responsabilidade; foram seguindo assim, tranquilos, por um tempo, até que a falta de experiência começou a alcançá-los. Então, começaram a sentir a pressão, ficaram menos seguros de si, viram outras pessoas, com menos instrução, mas mais experiência, alcançando postos mais altos. Não suportaram isso, ficaram com inveja, ressentidos e, finalmente, apreensivos. Qual era o problema? Eles tinham tudo – no entanto, isso parecia não contar muito no mundo da realidade – na batalha da vida. Talvez a própria instrução tenha parte da culpa. Talvez a juventude tenha aprendido a ter muita expectativa logo no começo.

Conheça a si mesmo. Saiba o que você quer – seja honesto –, o que acha que aguenta. Imagine-se trabalhando para obter o direito de possuir o que deseja. Não deseje para si mais do que é capaz de fazer de uma vez. Você alcançará naturalmente oportunidades melhores e maiores, e a força interior lhe dará tudo de que precisa, somando-se aos seus esforços, para chegar aonde você quer ir, em cada degrau da escada para o sucesso e a felicidade.

NUNCA USE ESSA FORÇA PARA PROPÓSITOS EGOÍSTAS!

É uma tentação para muitas pessoas, quando entram em contato com essa força pela primeira vez, tentar usá-la para propósitos egoístas. A força responderá às suas ordens, a quaisquer imagens mentais que você lhe der, sejam suas intenções boas ou ruins. Você pode se imaginar tirando vantagem de alguém, e, se agir para esse fim, e essa pessoa não ficar atenta às suas intenções, você pode acabar conseguindo convencê-la. Contudo, ao fazer isso, você cria uma suscetibilidade – uma vibração – na sua consciência que pode atrair esse mesmo acontecimento na sua direção.

Com tal manipulação errada da mente, você pode, portanto, cair na própria armadilha. O que planeja fazer aos outros está, na verdade, armando para fazer a si mesmo, sem perceber, pois "seus ganhos sempre voltam para você".

Está disposto a receber o que quer ter na vida através dos seus esforços? O que você ganha sem esforço, sem merecer, geralmente perde tão facilmente quanto recebe. Isso porque a força magnética que atraiu o objeto não é sustentada; pouco ou nenhum poder foi construído em torno de algo que veio até você sem merecimento (por um funcionamento errado da mente), e, consequentemente, outra pessoa, com o uso errado do poder, pode tirar isso de você.

Lembre-se: semelhante sempre atrai semelhante. *Se não quiser que alguém lhe faça algo, não faça para essa pessoa primeiro!* Isso é a paráfrase de um antigo conselho, mas apenas uma palavra, para quem não é sábio, deveria ser o início da sabedoria. Ninguém pode se safar de algo que está na mente. A lei da compensação garante isso.

Até agora, apenas uma pequena porcentagem de seres humanos, de qualquer época, usou corretamente esse TNT. Mas sempre que o fizeram, isso lhes trouxe muita felicidade, realização, saúde, prosperidade – e até fama. A parcela de felicidade, realização, saúde, prosperidade e fama que alcançaram foi proporcional ao uso que fizeram dessa força. Será sempre assim! Se abrir uma torneira apenas até a metade, você obterá somente metade do fluxo de água. Se deixar que somente uma parte da força flua por você, diminuirá os retornos que ela pode lhe trazer.

Líderes que acendem o pavio do TNT inflamando ódio, ressentimento e suspeita em grandes grupos de pessoas podem causar danos sem precedentes. Lembre-se de gente como Gengis Khan, Napoleão, Kaiser Wilhelm e Hitler. Há sempre milhões prontos para serem guiados por alguém que está disposto e pronto para liderar, e guiar na direção certa. A humanidade, como você sabe, tem um histórico trágico de crucificar seus salvadores.

CHEGOU A HORA DE FAZER USO CORRETO DO PODER DA MENTE

Mas chegou a hora de o homem reconhecer e aceitar, a despeito de suas crenças religiosas ou filosóficas, sua raça ou cor, a força espiritual que tem dentro de si – aquele "algo" que todo ser humano possui e que, se direcionado corretamente, pode trazer a todos paz e felicidade, e toda a irmandade universal que as pessoas buscam há tanto tempo.

Está aqui – bem dentro de você –, uma parte sua – dentro do seu bolso: como estava no meu bolso, anos atrás, época em que eu não percebia, ainda não tinha acordado para o que eu tinha, para o que sempre tinha sido meu, para o que sempre esteve no mundo, disponível para pessoas de todas as idades, o tesouro maior que todos os tesouros, o Santo Graal, a sabedoria, a inteligência, a solução para todos os problemas, mas também a maldição de todas as maldições, a mais diabólica de todas as forças, se explorada do jeito errado pelo pensamento incorreto do homem.

Ela é sua para usar do jeito certo ou do errado. Agora que você a possui e sabe como operá-la – o que você vai fazer com ela?

O modo como você decide usá-la, em qualquer momento, mudará seu mundo... e pode mudar o mundo todo.

Cuidado: explosivo poderoso! Aja com sabedoria e cautela.

As coisas em que você acredita, e nas quais as pessoas deste mundo acreditam, farão o mundo de amanhã. E o TNT dessas crenças vai sacudir a terra!

CAPÍTULO 18

PERGUNTAS E RESPOSTAS ACERCA DO USO DAQUELE "ALGO"

Há duas coisas a buscar na vida; primeiro, conquistar o que você quer, e, depois disso, aproveitar. Somente os mais sábios da humanidade conseguem a segunda.

LOGAN PEARSALL SMITH

Ao longo dos anos, recebi muitas perguntas de homens e mulheres que descobriram aquele "algo" interior, a força criativa da mente, e se aplicaram honestamente a seu estudo e uso no dia a dia. Como algumas dessas dúvidas podem ser também as suas, selecionei as mais representativas para responder neste capítulo, na esperança de que as minhas respostas ajudem em seu desenvolvimento e suas realizações.

Como faço para manter minha mente livre de pensamentos tristes, de medo e preocupação, que vêm para mim, aparentemente, lá de fora?

Reações emocionais erradas a experiências diferentes que você teve implantaram, na sua mente, o medo de que experiências similares possam surgir. Subconscientemente, por causa desses medos, qualquer coisa que seja sugestiva de experiências infelizes anteriores produz esses "pensamentos tristes, de medo e preocupação", como foi descrito. A maneira de eliminá-los é livrar sua mente do controle emocional que medos e preocupações antigos podem ter sobre você; e, quando faz isso, o poder desses pensamentos equivocados de atrair pensamentos e reações similares é reduzido proporcionalmente. Em outras palavras, quanto mais desenvolver uma atitude mental positiva, menos você será influenciado ou perturbado por pensamentos negativos.

Como podemos ter fé e ignorar o fato de que um inimigo pode estar nos perseguindo, pronto para atacar, ou que a estrada que estamos trilhando na escuridão pode dar num precipício, ou que a água que estamos prestes a beber pode conter germes perniciosos? Poucos de nós desenvolveram o poder da premonição, do qual podemos depender nas emergências ou no dia a dia.

A fé cega é sempre perigosa, e, em geral, é pior do que não ter fé. A fé verdadeira possui uma "qualidade de sapiência interior". Essa fé se baseia numa ciência inteligente dos fatores sobre os quais você baseia sua fé. Você não está usando sua inteligência ao seguir, sem cuidado, numa área em que pode encontrar um inimigo, ou se deparar com um precipício ou águas possivelmente infectadas. A fé nunca foi pensada para ser um substituto da ação inteligente. Ela foi e é pensada para aumentar sua inteligência – para ativar as forças criativas interiores a fim de atrair o que você quer e precisa para si, em associação com seus esforços nessa direção.

Se imaginar, com fé, que você pode evitar ou concretizar um encontro com o inimigo em segurança, ou ser guiado sem problemas por uma estrada, no escuro, ou ser alertado quando está prestes a fazer algo prejudicial, como beber água contaminada – a força criativa interior segue suas ordens e lhe dá "palpites", impulsos, vontades e premonições que servem para protegê-lo.

Você afirma que, no caso de grande perigo, o subconsciente nos faz escolher o passo certo. No entanto, todo mundo, incluindo eu, conhece casos de pessoas que, no meio de um incêndio, abandonaram seus pertences mais preciosos, enquanto arrastavam móveis que não valiam nada – ou fugiram para o lado errado, quando o certo estava aberto. Como você explica isso?

Seu subconsciente não "escolherá o passo certo" para você numa emergência, a não ser que seja preparado pelo pensamento correto para fazer isso. Se você sempre teve medo do fogo e nunca imaginou o que faria no caso de um incêndio, será paralisado por esse medo quando se vir em meio a um incêndio, incapaz de receber qualquer orientação do seu subconsciente. Lembre-se: o que sai da sua mente é apenas aquilo que entrou ali em algum momento anterior, porque você criou seu mundo, com suas reações anteriores a ele. No desejo de salvar algo do incêndio, por nunca ter imaginado as coisas que valem a pena salvar num incêndio, você agarra qualquer item, histericamente. Como nunca imaginou quais saídas usaria no caso de um incêndio, você tem apenas um pensamento frenético – sair –, mas não o caminho certo para sair. Comece agora mesmo a preparar sua mente para enfrentar qualquer emergência. Eu viajo bastante, paro em todo tipo de hotel. Não tenho medo do fogo, mas, como precaução inteligente, a primeira coisa que faço, ao chegar ao meu destino, é localizar as saídas mais próximas do meu quarto, a posição das saídas de incêndio e escadas. Chego até a testar as portas das saídas de incêndio, para o caso de estarem trancadas, ou das janelas que levam para as saídas de incêndio, para determinar se não estão emperradas. (Em muitas situações, encontrei condições que não teriam permitido a fuga, com portas trancadas e janelas que não abriam.) Eu imagino a disposição do quarto, e se virar à direita ou à esquerda, ao sair, me leva para a saída mais próxima, para poder encontrá-la no escuro, se necessário. Essa análise geral, essa observação, me leva de cinco a dez minutos, e depois eu dispenso isso da mente consciente, sabendo que, caso haja um incêndio, eu terei ciência dos passos corretos a dar. Além disso, eu já decido que artigos levarei comigo para não ficar confuso, tentando determinar isso, no meio do incêndio, num momento em que minha mente precisa estar livre para enfrentar a situação. Seu subconsciente, aquele "algo" interior, jamais falhará com você se você o instruir adequadamente e livrar sua consciência do medo.

Você afirma que o subconsciente é todo-inteligente e praticamente infalível, se eu entendi bem. Então, como é que o subconsciente pode ser influenciado por pensamentos ou acontecimentos errados, injustificados ou perniciosos que vêm de fora?

Sugestão! Seu subconsciente é instantaneamente reativo a tudo que lhe acontece no seu mundo exterior, se você aceitar com sua mente consciente. Nunca esqueça: qualquer coisa que você assimila, suas imagens mentais das experiências, fica estocada no seu subconsciente. É por isso que eu sempre alerto sobre o uso incorreto do TNT. Aprenda a controlar sua reação equivocada às coisas que acontecem com você. Não fique passando para a mente subconsciente pensamentos de medo e preocupação sobre as condições e circunstâncias ao seu redor. Se fizer isso, você está basicamente ordenando aquela força interior a atrair esse tipo de coisa, pois isso é tudo que você está imaginando para ela. Você está criando o padrão, sem parar, do que já aconteceu. Seu subconsciente é infalível no ato de seguir quaisquer instruções que você lhe dá com sua mente consciente. Ele possui uma ciência inteligente, mas não tem poder de raciocinar. Isso só cabe à mente consciente. Então, não dependa do subconsciente para pensar por você. Ele pode perceber as coisas por você, se o orientar para tanto, e lhe trazer conhecimento acerca das coisas que precisa conhecer, ou colocá-lo em contato com as fontes de tal conhecimento, mas ele é subserviente, o tempo todo, a seus desejos, suas decisões, suas escolhas livres.

Você diz: "Pense que o próximo é gentil e decente, e ele será amigável". Mas suponha que a pessoa tenha a certeza de que ele é um canalha. Você recomenda que, mesmo assim, a pessoa se engane, num caso desses?

Certamente, eu não recomendo a autoenganação. Se você sabe que uma pessoa não presta e não merece confiança, você deveria, claro, ficar alerta em qualquer relação e contato que tiver com ela. É muito comum, no entanto, indivíduos cometerem erros de natureza social, pessoal ou criminal e serem tão condenados por uma sociedade hipócrita que não têm a permissão de se redimir desses erros. Nós esperamos algo de ruim deles e recebemos o que esperamos. Por defesa e desafio, essas pessoas nos mostram seu pior lado, porque nós suscitamos esse pior lado com as nossas atitudes. Não há mal algum em dar a uma pessoa o "benefício da dúvida", apelar para seu "lado bom", dar-lhe crédito pelo bem que vemos nela. Como semelhante sempre atrai semelhante, se uma pessoa acha que você é sincero, se você demonstrar que tem fé nela – é mais do que provável que tente justificar essa fé devolvendo bem para você. Imagine-se sendo protegido do pensamento incorreto ou das atitudes erradas dos outros. Não se permita ter medo de que os outros vão tirar vantagem de você, porque esse medo o tornará suscetível a isso. Muitas vezes já me disseram assim: "Não entendo o que você vê no fulano", ou "como é que você se dá bem com o fulano?". É assim simplesmente porque eu procuro o bem, enquanto essas pessoas erguem barreiras, e isso gera ressentimento. Consequentemente, elas suscitam reações erradas em indivíduos que as tratariam de modo diferente caso fossem, eles mesmos, tratados de modo diferente. Até mesmo um cachorro sabe, por instinto, o que você realmente acha dele, por mais que você finja o contrário. Você não trata as pessoas melhor do que trata os cachorros? Se negarmos a elas a chance de dar a volta por cima, que esperança haverá para nós?

Creio que você afirmou, em algum lugar, que uma pessoa que tem uma ideia praticável, e amplamente convencida de que é sólida, raramente tem dificuldade de obter dinheiro para financiá-la. No entanto, quantos inventores, profundamente convencidos do valor de suas invenções, morreram na pobreza?

Eu condenei e denunciei quão indispostos alguns cientistas e outras pessoas inteligentes foram para aceitar ou até considerar ideias novas. Com relação à telepatia, afirmei que praticamente todos os grandes cientistas da elétrica – incluindo Edison, Steinmetz, Tesla e Marconi – interessavam-se muito por ela. Bem como o Dr. Alexis Carrel, que acreditava e declarava que ela deveria ser estudada pelos cientistas, assim como os fenômenos psicológicos. Contudo, apesar desse interesse e das investigações de cientistas como o Dr. J. B. Rhine, da Duke University, a Sociedade de Londres para Pesquisa Física, a Sociedade Americana e outras, que produziram uma montanha de provas, ainda há cientistas que menosprezam esse trabalho. Eles não querem considerar qualquer ideia que possa bagunçar suas teorias já estabelecidas. Um inventor em geral é um tipo quieto, introspectivo, que não teve muita experiência encarando o mundo. Ele consegue visualizar o que quer inventar com fé e confiança de que a força criativa ajudará a produzir isso para ele, mas não é capaz de visualizar com fé e confiança equivalentes a obtenção do reconhecimento e dos recursos para sua invenção. Para ele, é um mundo diferente. Ele manda a invenção para alguns clientes, e, quando é recusado, em geral fica desencorajado, até desanimado, e imagina o fracasso.

Sob essas condições, o inventor coloca a força criativa contra si mesmo. Você ser um "visualizador de sucesso" numa fase de atividade da sua vida não é indicativo de que pode ser ou será igualmente bem-sucedido em outras fases. O mesmo pensamento correto deve ser aplicado a todos os seus desejos e necessidades. Algumas pessoas possuem o que costuma ser chamado de "consciência do dinheiro" – elas se visualizam ganhando dinheiro, tudo que tocam virando dinheiro – e a força interior as ajuda a fazer e atrair dinheiro. Mas muitas dessas pessoas são igualmente fracassadas em outras áreas da vida, como é evidenciado por problemas de saúde, não conseguir se dar bem com os outros, não ter felicidade e contentamento pessoais, e todo tipo de outras faltas. Todo inventor deveria encarar a dificuldade de vender e divulgar sua invenção, de obter financiamento, com a mesma aplicação vigorosa de seus poderes de visualização ao desenvolvimento e à criação da invenção em si. Se fizer isso, certamente será bem-sucedido na empreitada, como ocorre com todos aqueles que fazem o uso adequado "daquele algo" interior.

Como podemos distinguir palpites, pressentimentos, reais do que não passa da nossa fantasia, a expressão de desejos e paixões da nossa mente consciente?

Essa habilidade de diferenciar entre um palpite real e um lampejo ou uma premonição intuitiva vem com a prática. Palpites verdadeiros entram no campo da consciência da sua mente sem qualquer reflexão ou premeditação. Você apenas subitamente "sabe" ou "sente" algo, tem uma vontade forte de fazer ou não alguma coisa, ficar alerta, checar ou investigar. A autoanálise o ajuda a determinar se um impulso que recebe foi criado por você, pela sua fantasia, por desejo ou paixão excessivos, como você caracteriza. Você deveria se conhecer bem o bastante para assumir uma postura impessoal e dizer: "Estou apenas me enganando. Eu queria ter uma impressão como essa e estimulei minha imaginação para dá-la para mim. Não reconheço isso como um verdadeiro palpite. Meus medos se dramatizaram e me deram a sensação falsa de que algo vai acontecer". Logo você detectará uma diferença no que sente quando tem um verdadeiro palpite.

A lembrança de como você se sentiu quando teve esse palpite real permitirá que reconheça outros lampejos intuitivos genuínos e desconsidere esses outros sentimentos que vêm à mente e se originam como resultado dos seus medos ou desejos mimados. Você precisa acreditar que sua mente interior lhe servirá, dando-lhe lampejos de intuição, conforme o necessário, ou então a força interior não poderá funcionar desse jeito para você. Algumas pessoas dizem: "Não acredito em pressentimentos – e nunca tive um, pelo que me lembro". Essa atitude mental bloqueou esses impulsos intuitivos que poderiam ter sido recebidos. Aprenda a controlar seus desejos excessivos, coisas que sabe que não são boas para você, elimine seus medos – e então exercerá cada vez menos resistência a receber e reconhecer orientação e proteção da sua faculdade intuitiva.

Meu problema não está no dinheiro, nos negócios ou em ganhar fama. Tenho o problema de gaguejar, é o que mais me preocupa. Desde que passei a estudar sua filosofia, notei certa melhora na minha fala. Eu entendo que resultados em condições como essa não vêm da noite para o dia – apesar de que seria bom obter resultados mais rápidos. Você poderia me dar alguma dica de como acelerar o subconsciente em sua maravilhosa atuação sobre esse meu problema?

Retorne para o momento da sua vida, se puder se lembrar, em que você começou a gaguejar. Que experiência emocional lhe trouxe essa condição? Você foi criticado num momento particularmente sensibilizado pelos seus pais ou por alguém? Havia algum membro dominante na sua família que reprimia você, em cuja presença você tinha medo de se expressar? Você se sentia ofuscado por alguém – ou sentia um medo tão grande que, por certo tempo, achava impossível falar? Em algum ponto do seu passado está a causa original da sua dificuldade atual. Encontre-a, e então você poderá se libertar do controle dessa reação emocional. Como ajuda adicional, visto que gaguejar em geral é associado com certo grau de constrangimento e excesso de ansiedade, espere alguns segundos antes de falar. Respire fundo, e imagine o que você vai dizer antes de colocar em palavras. Se você fuça sua mente em busca de palavras, sua atenção total fica distraída dos seus centros de fala, e, como resultado, sua fala vacila e às vezes é interrompida. Recobrar sua habilidade de articular cada palavra corretamente é, em grande parte, uma questão de *timing* adequado e visualização. Coordene esses dois, e logo você vai superar essa condição.

Acredito muito em seus ensinamentos. Você afirma que as pessoas deveriam usar esse poder para o bem, e não para o mal. Acredito totalmente nisso – por essa razão queria saber se seria ruim usar esse poder para jogos de azar. Não sou jogador profissional, mas, como muitas pessoas, jogo um pouco, às vezes. Seria prejudicial usar esse poder para o jogo, tanto em pequena quanto em ampla escala?

Frederick Marion, um vidente famoso, autor do livro *In My Mind's Eye* (Na visão da minha mente), no qual fala de suas muitas experiências com percepção extrassensorial, sua capacidade desenvolvida de sentir os pensamentos dos outros, para prever o futuro, também relata suas tentativas de usar seus poderes para determinar quando comprar ou vender ações. Por certo tempo, ele teve sucesso; depois seus poderes começaram a falhar. Ele não conseguia controlar seu desejo humano de tentar forçar uma resposta, quando tanto dinheiro dependia de cada palpite; ele precisava "acertar na adivinhação". Todo jogador que usou a intuição viu-a falhar sob pressão. A maioria dos jogadores que conheci morreram falidos ou tiveram muitos altos e baixos. Eles nunca sabiam quando parar – um sucesso os impelia para novas derrotas. Se eles jogassem o "jogo da vida" direito, sem tensão ou sufoco, suas faculdades intuitivas lhes serviriam mais regularmente, seriam confiáveis. A vida, em certo sentido, é um jogo; você aposta que vai vencer; e eu prefiro apostar em mim do que numa roda da fortuna. O jogo é ruim quando prejudica a si mesmo e os outros quando joga. Só deveriam jogar aqueles que podem se dar ao luxo de perder. Infelizmente, poucos desse tipo jogam. Qual é a sua classificação? Que tal apostar em você mesmo? Os riscos são menores, e os ganhos, ao longo de toda uma vida, são muito maiores – e mais satisfatórios.

Você pode sugerir uma fórmula ou um plano para me ajudar a selecionar o que será melhor para mim dentre diversas coisas que eu poderia fazer ou querer fazer – no comércio?

Ninguém pode realmente fazer isso, exceto você mesmo. Em seus momentos de meditação, diga à sua mente, a força criativa interior: "Determine para mim onde estão minhas melhores oportunidades de negócios – quais habilidades e experiências anteriores posso cristalizar e nas quais capitalizar no meu futuro". Entregue essa imagem ao seu subconsciente, e depois vá cuidar da vida, tendo fé e confiança de que, no momento certo, através de um lampejo de intuição ou uma percepção súbita, você saberá a direção a seguir e o que fazer. Pode acreditar. A resposta vai chegar.

Alguns escritores alegam que ninguém aprende com a experiência. Por favor, explique o que você quer dizer com "aprender com a experiência".

É aprender com a experiência como não fazer algumas coisas, tanto quanto como fazer. Aprender a lucrar com as experiências dos outros. Por que deveria cometer os mesmos erros que outros cometeram, se você observa, de antemão, que uma trilha que tomaram os levou a um beco sem saída? Use sua inteligência, bem como sua fé, para encarar a vida e os problemas.

Estou estagnado ou desanimado com tanta bagunça. Como faço para escapar dessa sensação de caos?

É preciso eliminar o pensar confuso e perturbado. Você forçou o hábito ruim de prestar atenção demais em detalhes e acontecimentos pequenos, sem importância, insignificantes, empilhando-os em montanhas, como obstáculos na sua mente. Assim, eles se tornaram, como você mesmo descreveu, uma bagunça, que se ajunta na sua mente consciente, obstruindo pensamentos e ideias reais que estão tentando chegar até você. A sensação constante de caos iminente existe apenas porque esses pensamentos perturbados lhe dão a sensação de ser "sobrepujado" ou "envolvido" por eles. Jogue-os fora por um ato de vontade própria, e será "adeus, caos – bem-vindas, lei e ordem" na sua mente.

Que lugar tem a imaginação no funcionamento das coisas, já que ela é passível de desviar o pensamento das pessoas?

O direcionamento correto da imaginação, como tudo mais, faz dela um poder enorme para o bem, em vez de para o mal. Imagine coisas boas vindo até você – e o bem acaba vindo, como você imaginou, através da imaginação; imagine o mal, e você terá resultados ruins, e muito em breve.

O que é a imaginação?

A imaginação é aquela faculdade da mente que permite que você forme, na sua consciência interior, uma imagem mental do que quiser. É a estimuladora do pensamento, a ativadora da força criativa, o meio para tornar específicos os seus desejos.

Como você imagina ou pensa no poder de Deus, na força do Deus interior, quando reza? Podemos apenas rezar para uma sensação de força interior?

Cada pessoa tem seu conceito de Deus, e qualquer conceito que seja o mais satisfatório, significativo e útil para você é o que deveria usar em suas meditações e orações. Eu certamente não imagino Deus, quando rezo, como antropomórfico em natureza, sentado num trono largo em algum lugar do céu. Já passei, faz muito tempo, desse conceito da infância. Hoje, tenho a convicção de que uma parte de Deus, a Grande Inteligência, habita cada alma humana, você e eu. Você pode pensar em quão próximo já se sentiu e ainda se sente de um ente querido. Ao pensar nessa pessoa agora, você a traz no mesmo instante para a mente e sente o elo de proximidade que existe. De maneira muito similar, deixe que essas sensações de proximidade e intimidade venham até você, de Deus. Você sabe que seu ente querido existe quando pensa nele; disso, você não tem a menor dúvida. Então se permita sentir e saber que Deus existe, e você sentirá a Presença do Deus interior – a força que nunca o abandona, que você pode buscar em meditação e oração, e de quem você pode esperar as respostas certas.

Você poderia me dizer que técnicas podemos usar para apagar experiências infelizes do passado, e como perdoar nossos entes queridos?

Basta entender que você está causando grande dano a si mesmo retendo a lembrança amarga dessas experiências – que não está magoando essas pessoas que magoaram você tanto quanto está magoando a si mesmo. Reveja o que aconteceu na sua mente, depois imagine o que entende agora que deveria ter dito ou feito. Assuma sua parcela de culpa e, por mais justificado que se sinta por guardar essa mágoa, solte todo o ódio e o ressentimento. Saiba e acredite que a lei da compensação cuidará deles, no fim, pelos delitos e pelo pensamento incorreto deles. Perceba que, enquanto sua atenção estiver fixada no passado e nessas infelicidades, e em perdas que você nunca recobrará, você estará impedindo a si mesmo de receber novos recursos, novas oportunidades e novas experiências de natureza feliz. Lembre-se: semelhante atrai semelhante, e você andou atraindo uma repetição de sentimentos péssimos, bem como reviveu essas experiências várias e várias vezes. Não vale a pena. Isso destruirá toda a saúde e a felicidade, com o tempo, a não ser que seja deixado para trás – e que você assuma uma atitude nova e positiva.

Existe diferença entre oração e meditação?

Sim. A meditação é uma preparação para a oração, relaxando o corpo físico de toda a tensão, deixando a consciência passiva, para, então, com sua atenção voltada para dentro, entrar na visualização devota das coisas que você deseja e das quais precisa.

Se seus pais ficam lembrando você, desde a infância até os dias de hoje, de que não conseguirá ter sucesso, qual é o melhor jeito de remover esse bloqueio?

Essa é uma herança e tanto para os pais passarem para as crianças, rumo à idade adulta – uma série de imagens de "você não terá sucesso"! Seu primeiro passo rumo à liberação da sua consciência dessas correntes parentais é perceber que, no momento em que você rejeitar esses conceitos, essas imagens erradas não podem mais controlar a sua mente. Você tem que acreditar que não há como ter sucesso antes de fracassar. Tire da sua mente todo o ressentimento do que seu pai e sua mãe fizeram com você. Enquanto for amargo, você manterá essas imagens infelizes e a influência delas vivas na sua consciência. Livre-se dessa amargura, e essas imagens perderão toda a nutrição na sua mente e morrerão de fome. Na vida, ainda há muitas coisas boas e que valem a pena. Reivindique isso – através da visualização certa e do exercitar da fé em si mesmo e na força infalível "daquele algo" para lhe trazer o que você desejou por tanto tempo.

Deixe-me ver se eu entendi: você forma a imagem do seu desejo, conscientemente, e depois, estando você bem quieto, ela é refletida de volta, provavelmente apenas por uma fração de segundo! Esse reflexo – olhando para nós – está na nossa imaginação? E é isso que tem que acontecer, antes que a força criativa possa ser instigada a nos trazer resultados efetivos?

Sim, você descreveu o processo muito bem. Primeiro, você cria a imagem mental daquilo que deseja, e depois a projeta sobre a tela mental interior através de um ato de vontade, permitindo-se sentir um desejo forte pela materialização dessa imagem na vida real, tendo fé, ao mesmo tempo, de que o que você visualizou já foi alcançado na mente e está, agora mesmo, a caminho.

Com o mundo em tamanho tumulto, como podemos evitar preocupações e medo? Como fazer para manter fora da mente os acontecimentos desagradáveis?

Recusando-se a personalizar esses acontecimentos que não têm relação direta com você. Reconheça que medo e preocupação não corrigirão a situação do mundo, nem ajudarão você a resolver nenhum dos seus problemas. Na verdade, medo e preocupação são desmoralizantes e debilitantes. Com o tempo, eles podem destruir sua autoconfiança, sua saúde e sua felicidade. Perceba que você está razoavelmente bem e feliz agora – e que nossa maior contribuição para nós mesmos e para os outros sempre será manter uma atitude positiva, alegre, otimista. Pare de viver num estado de espírito de "esperar pelo melhor, com medo do pior". O pior quase nunca acontece, e, quando você aponta para o melhor, as coisas sempre acabam sendo melhores do que você achava possível.

Qual é o jeito mais rápido de relaxar?

Presumo que o jeito mais rápido seria dar com um martelo na cabeça – mas as consequências não seriam muito desejáveis. O segundo jeito mais rápido e seguro – e equilibrado – é ficar sozinho, se possível, sentar-se numa cadeira confortável ou esticar-se numa cama, e largar seu corpo físico com sua mente consciente. Erga braços e pernas e largue. Deixe a cadeira ou a cama suportar seu corpo todo. Você sentirá uma leveza e uma sensação de estar boiando. Então, com seu corpo relaxado, abandone todas as sensações de tensão da sua mente, trazidas por pressão, medo, preocupação ou outras perturbações emocionais. Visualize uma tela mental branca, uma piscina serena, uma paisagem calma, tranquila, qualquer coisa que sugira uma área pacífica, sem movimento. No instante em que tiver feito isso, você estará relaxado; e deve levar menos de dois minutos – com a prática – para se desapegar dessa maneira.

Dá para induzir sonhos, com a sugestão, e fazer sua intuição lhe transmitir certas informações desse jeito?

Sim, muito conhecimento pode ser revelado para você pelos sonhos, e a força criativa em geral usa um sonho como meio para apresentar informações necessárias de eventos passados, presentes e futuros. Claro que sempre existe a dificuldade da interpretação correta, pois muitos sonhos são causados por estados físicos e mentais perturbados (como indigestão, medo, preocupação, suspeita, ressentimento etc.). Há uma tendência, quando a mente consciente fica passiva, durante o sono, de os problemas do dia se dramatizarem na forma distorcida do sonho – e esse tipo de sonho, em geral, é significativo. Ele pode revelar, ao psiquiatra, as causas de seus medos e suas apreensões, e de outras instabilidades emocionais, mas pouco ou nada para você. Entretanto, há outros momentos, em que você é projetado adiante, no futuro, e suas faculdades intuitivas lhe trazem sonhos vívidos, inteiros ou em parte, de eventos que estão por vir, eventos para os quais as causas já existem. Esses sonhos merecem sua mais cuidadosa análise, pois podem lhe dar uma pista de como deveria se preparar para enfrentar ou evitar uma situação que está se desenrolando. Esses avisos em sonhos, adequadamente avaliados, podem capacitar você a mudar seu raciocínio e, assim, mudar os próprios possíveis acontecimentos.

Ao se recolher, se quiser obter uma resposta durante o sono, para um problema urgente, sugira àquele "algo" interior que lhe traga a resposta dessa maneira. Com a prática, você consegue induzir com frequência a recepção da informação de que precisa, nos sonhos. Muitas pessoas dizem: "Resolvi dormir para refletir sobre o assunto e acordei com a resposta!".

Se o homem é o mestre do próprio destino, que é responsabilidade dele, e de mais ninguém, como você responde ao fato de que a vida vem funcionando de milhares de maneiras, funcionando como uma

"preocupação recorrente" desde antes de ele ter nascido? Parece que, em todos os sentidos, estamos envolvidos em processos, funções e atividades sobre os quais somos incapazes de exercer qualquer controle significativo. Como você responde a isso?

O homem deve ser o mestre do seu destino. Ele foi projetado para isso, e lhe foi dada a potencialidade através de uma força criativa interior, capaz de levá-lo a altitudes inconcebíveis. Mas o homem, como um todo, até agora não fez uso muito inteligente dessa força. Individualmente, no entanto, suas realizações alcançaram o sublime. Pense em Helen Keller, que superou as incuráveis deficiências da surdez, da mudez e da cegueira – expressando sua personalidade e sua grande alma através de seu instrumento físico limitado como uma inspiração para toda a humanidade. Certamente, ela é uma "mestra do próprio destino". Pense em Steinmetz, o mago da eletricidade que nasceu com deficiência na cabeça, corcunda, com pernas atrofiadas, um corpo frágil, no todo. Mas a cabeça malformada abrigava um grande cérebro. Quem conheceu Steinmetz dizia que perdia toda a consciência do corpo dele, o brilho do homem fazia o corpo sumir de vistas. Outro "mestre do destino". Pense também em Beethoven, a quem a natureza concedeu um rosto feio e um problema que deveria ser fatal para qualquer um que aspirasse a compor música – ele ficou surdo! No entanto, a mente de Beethoven criou parte da mais nobre música que já foi escrita, música que viverá para sempre e trará alegria para milhões ainda por nascer. Poucos seres humanos percebem, quando se empolgam com a maior obra de Beethoven, a "Nona Sinfonia", que seu grande compositor nunca ouviu uma nota sequer dela! Certamente, esse gigante da música era um "mestre do próprio destino". E centenas e milhares de outros homens e mulheres, valendo-se daquele "algo" – a força criativa – superaram todos os "processos, funções e atividades" que encontraram quando aqui chegaram, e que, normalmente, seriam entendidos como estando contra eles; obstáculos que os poderiam impedir de alcançar o sucesso.

Não. O homem não foi largado solto neste mundo, uma vítima de circunstâncias e forças além de seu controle. Ele possui, em sua consciência, todo o poder de que necessita para ser mestre de si mesmo. O homem precisa, somente, descobrir essa força e usá-la. E mais nada.

CAPÍTULO 19

PARTILHE
SUA BOA SORTE
COM OS OUTROS

Quando puser as mãos em alguma coisa boa, passe adiante. Esse é o jeito de ganhar amigos e atrair mais pessoas. Não seja egoísta. Quando tiver a oportunidade, ajude os outros a entender o TNT e a fazê-lo proporcionar a eles o mesmo que proporcionou a você. Toda vez que eleva os outros, você eleva a si mesmo ainda mais.

Algumas pessoas que não entendem e não querem entender talvez digam que você é convencido, autocentrado ou egoísta, mas não deixe que isso o perturbe. Esses são os zombeteiros, aqueles capazes de colocar obstáculos no seu caminho e impedir seu progresso. Você sempre encontrará esse tipo nas estradas e nos caminhos da vida. Não vão a lugar algum e querem levar você com eles. Aqueles que entendem vão querer o que você tem para lhes dar e serão solícitos, ávidos para servir a você, para trabalhar com você. Os inteligentes, ao observarem o progresso que você vem fazendo, vão começar a estudá-lo, a determinar o que você tem e eles não – e tentar descobrir seu segredo.

Eu lhe dei uma ideia acerca disso; agarre-se a ela e comece a avançar.

George Jean Nathan, um dos críticos de dramaturgia mais importantes da América do Norte, numa compilação de filosofias de vida, declara que nunca conheceu um homem que teve sucesso na vida, de modo material, que não pensasse em si primeiro, por último e o tempo todo. Naturalmente, não sei bem o que Nathan quis dizer com isso, mas tenho certeza de que ele não quis dizer que um homem bem-sucedido é egoísta a ponto de não ser útil para os outros, pois, se você seguir o sistema como eu o delineei, e entrar na estrada para o sucesso, não será levado a agir com crueldade.

Você não terá que derrubar os outros para chegar aonde quer chegar; não terá que passar por cima do cadáver de ninguém; não terá que passar a perna em seus amigos e parceiros de negócios; não terá que alcançar seu objetivo usando de conivência, fingimento e engano. Você chegará lá de cabeça erguida e com os pés firmes no chão. E o que for capaz de fazer uma vez, você saberá como fazer muitas outras vezes – e melhor a cada vez.

Isso é o que a força criativa da mente, trabalhando através de você, pode e fará por você. Conforme progredir, verá que vai querer fazer caridade, coisas boas, para os outros; realizar serviços, pequenos atos de bondade e consideração, fazer mais do que o necessário para ajudar o próximo quando puder, em apreciação pelo que foi feito a você. Dessa maneira, observará que seus atos de compaixão suscitarão no outro a vontade de fazer algo por você. Não há nada de egoísta nisso – é apenas uma questão de causa e efeito.

Andre Ampere conhecia a lei. Chamava-a de lei da atração, como aplicada ao magnetismo elétrico: "Correntes paralelas na mesma direção atraem uma à outra". Simples, não? E quando você está dessintonizado e antagônico, deixa os outros dessintonizados e antagônicos, pois: "Correntes paralelas em direções opostas repelem uma à outra". É aquela velha e verdadeira história resumida em três palavrinhas: "Semelhante atrai semelhante".

Quando faz um serviço, você recebe grandes dividendos. Não há mistério nisso; é assim mesmo.

Um, dois, três! Comece a fazer o que lhe foi apresentado, repetidas vezes, até aperfeiçoar sua técnica no pensamento correto.

Existe força no trabalho coletivo. Traga outras pessoas para esse tipo de pensamento, com você. O espírito de equipe incutido em pessoas como nós, que servimos no Exército na Primeira Guerra Mundial, fez das Forças Armadas dos EUA o que elas são. Esse mesmo espírito é responsável pelo trabalho incrível que nossos meninos fizeram na Segunda Guerra Mundial, e o trabalho em equipe inspirado, em qualquer batalha, proverá o entusiasmo, a confiança e a determinação para sempre avançar.

Se aceitar o que estou lhe dizendo, no sentido em que é apresentado, e colocar em prática, você será imbatível. E ao se sintonizar e colocar os outros na mesma trilha, o mundo será seu!

> "Quando o medo domina a vontade, nada pode ser feito, mas, quando um homem livra sua mente do medo, o mundo se torna uma ostra."

> "Perder um pouco de dinheiro não é nada, mas perder a esperança – perder bravura e ambição – é o que destrói o homem."
>
> **HERBET N. CASSON**

Charles M. Schwab disse, certa vez: "Muitos de nós pensam nos vendedores como pessoas que viajam por aí com kits de amostras. Na verdade, todos nós somos vendedores, todos os dias de nossas vidas. Estamos sempre vendendo nossas ideias, nossos planos, nossa energia, nosso entusiasmo para aqueles com quem entramos em contato".

O mesmo vale para toda empreitada, e principalmente ao vender *commodities*, pois nisso você precisa contatar pessoas.

E quando eu digo "contatar", refiro-me a contatá-las cara a cara. Os dias das vendas à distância estão, mais uma vez, contados. Nunca existiram, na verdade, pois não há substituto para encontrar o cliente cara a cara. Contudo, ainda mais nos dias que estão por vir, as únicas pessoas que alcançarão um sucesso sem igual serão aquelas que saem na rua, à procura, e encontram as outras. Quem age de modo diferente vai afundar.

Não há como se esquivar dessa lei fundamental, "a sobrevivência do mais forte". Portanto, esqueça a venda à distância, e tenha em mente que o único jeito de fazer uma venda é levar o cliente a pensar do jeito como você pensa! O melhor jeito sempre será o contato cara a cara. Você tem que estar diante dele, ver as reações dele – "a boa e velha lei de causa e efeito" – e se adaptar às condições, conforme elas o confrontam.

Se você está determinado a fechar uma venda (e você precisa estar, se quiser ter sucesso), tenha em mente o meu sistema. A mente subconsciente lhe dará ideias, palpites, inspirações, um fluxo perfeito desses elementos que guiarão você corretamente. Eles apontarão o caminho até um homem atarefado; quando chegar lá, tenha a firmeza necessária.

Fique alerta. Faça o cliente sentir a sua personalidade. Saiba do que você está falando. Tenha entusiasmo. Não vacile!

Você é tão bom quanto ele; além disso, talvez tenha algo que ele não tem, e isso é a confiança total, a fé total no produto que você está vendendo. Por outro lado, se ele é um sucesso, também tem personalidade. Portanto, certifique-se de manter o meio-termo. Não o menospreze; não deixe que ele menospreze você. Encontrem-se de igual para igual. Faça com que ele goste de você, e, quando ele gostar de você e você gostar dele, o sucesso estará a caminho. Tenha em mente, desde o início, que vai fechar a venda... Você vai fechar a venda!

Seu sistema principal na vida, claro, é este: "Eu vou ter sucesso em tudo que eu fizer! Eu vou ter sucesso em tudo que eu fizer!" (Repetição, reiteração. Um, dois, três! Sempre contando, sempre avançando. Repetindo, repetindo – visualizando-se fazendo aquilo, várias vezes – visualizando. "Eu consigo!" "Eu vou conseguir!" "Eu acredito, e acontece!")

Deixe seus amigos interessados. Forme grupos de estudo. Troque experiências. Discuta seus fracassos. Descubra quais erros você cometeu. Recolha os pedaços e tente de novo. Critiquem-se uns aos outros. Determine por que certos planos não funcionaram. Partilhe as novidades e a alegria do seu sucesso! Conduza experimentos com telepatia, com o desenvolvimento dos seus poderes de visualização, concentração, intuição. Demonstre o valor do TNT para seus amigos, familiares e parceiros de negócios, conforme o interesse deles nessa força aumentar.

Com um núcleo de interesse pelo TNT finalmente estabelecido em cada comunidade, um grande número de homens e mulheres estudando e aplicando a força do pensamento correto, grandes mudanças começarão a ocorrer na mente e no coração das pessoas e do mundo.

Cada pessoa que tem este livro pode estabelecer um núcleo próprio e começar a trabalhar com amigos e parceiros de negócios. O segredo está todo aqui, pronto para ser revelado a cada leitor, a cada aluno.

Trabalhar com um amigo ou ente querido que seja compreensivo ajuda o seu desenvolvimento, isso lhe dá mais ímpeto. Cada um pode checar, ajudar e encorajar o outro. Quanto mais falam sobre o poder interior da mente, mais pensamento e estudo vocês dedicam a isso, mais isso se torna presente na sua vida.

Continue avançando, nunca deixe de lado, nunca desista, porque existe a resposta, a solução para todo problema que você teve ou pode vir a ter – está tudo na sua mente.

E lembre-se sempre de partilhar sua boa sorte com os outros. Você será recompensado cem vezes mais, mil vezes mais, conforme continuar partilhando, pois o bem se multiplica – e continua se multiplicando, se expandindo, devolvendo mais e mais coisas boas para quem primeiro entregou.

Tenha perseverança e fé, visualize, não há como errar.

CAPÍTULO 20

AGORA
VOCÊ TEM
A FORÇA, USE-A!

Eu sou o mestre do meu destino;
eu sou o capitão da minha alma.

WILLIAM ERNEST HENLEY

Um, dois, três
Como um homem pensa em seu coração, assim ele é
Um, dois, três
Eu sei, eu acredito, e acontece.
Um, dois, três
TNT sacode a terra!

Este livro fará por você tudo que ele alega, mas você precisa reler e reler até que cada frase, cada palavra seja entendida totalmente, e depois deve aplicar os princípios e mecanismos com todo o coração e toda a alma. Faça disso parte da sua vida diária e, quando colocar em prática as ideias oferecidas, verá que elas funcionam como sempre funcionaram e sempre funcionarão. Se for estritamente sincero consigo, verá que todo o esquema é muito simples.

Após ter estudado o livro e refletido sobre as ideias apresentadas, você contemplará a força tremenda que reside na ciência da repetição do pensamento e da ação positiva.

Você pode, com a repetição de um mesmo pensamento, empurrar-se para cima ou para baixo – a depender se são pensamentos deprimidos ou construtivos. E, ao construir-se para ser cada vez mais poderoso, você verá que pode influenciar os outros com o pensamento.

Portanto, deixe-me, mais uma vez, aconselhá-lo a ter muito cuidado para não usar errado o seu poder. Mantenha sua mente cheia de pensamentos bons e construtivos, e depois entre em ação com toda a energia que possui, quando as ideias virem até você.

Pare de olhar para trás. Você sabe onde começou; agora é preciso saber para onde você vai. Treine sua imaginação para o futuro. Essa é a terra gloriosa na qual estão suas oportunidades. Aos poucos, quando você ficar cada vez mais habilidoso no controle e no direcionamento daquele "algo", a força criativa, sua intuição lhe trará lampejos do seu futuro.

O futuro é uma extensão de tempo e causação além do alcance dos cinco sentidos físicos.

Estude essa afirmação; leia e releia, e você entenderá que as forças causativas que você põe em movimento com seu pensamento, hoje, estão produzindo efeitos para você, no mundo, amanhã. A natureza abomina o vácuo. Algo está acontecendo em todo lugar, o tempo todo, e tudo que está acontecendo está repercutindo em tudo ao redor. Um grande cientista disse tudo numa frase, quando declarou: "A única coisa permanente no Universo é a mudança". Milhões de células em seu corpo estão morrendo, e milhões de novas células estão nascendo, todos os dias. Ideias velhas estão morrendo e esvanecendo, enquanto novas ideias surgem na mente. Hoje você não é o mesmo que foi ontem – em corpo e pensamento.

Muitos grandes videntes, ao longo das eras, foram capazes de olhar para o futuro e sentir intuitivamente o que estava vindo para as pessoas no mundo – com o tempo – como resultado de seu próprio pensamento.

Alfred Tennyson deixou este plano em 1892, mas escute sua voz profética, quando disse:

> Pois mergulhei no futuro, até onde o homem pode ver,
> vi a visão do mundo, e toda a maravilha que pode ser;
> vi os céus cheios de comércio, carracas de mágicas velas,
> pilotos do crepúsculo púrpura, descendo com fardos caros;

> ouvi os céus cheios de gritos, e um orvalho medonho choveu
> da marinha das nações adentrando o imenso azul...
> Até que se calou o tambor da guerra, baixadas as bandeiras
> no parlamento do homem, a federação do planeta.

Você consegue ler isso e continuar duvidando de que o homem pode desenvolver o poder de "ver" o futuro? Há um poder inimaginável no TNT que se aplica ao presente e ao futuro. O que você cria na mente, em qualquer momento, torna-se realidade desse instante em diante, a não ser que você o revogue por uma mudança de pensamento. Ainda assim, o dano do pensamento incorreto sai de você e se junta a pensamentos similares dos outros, que existem no "éter mental". A consciência universal fervilha com os pensamentos, bons e ruins, dos bilhões de seres humanos deste planeta. As estupendas vibrações desses pensamentos surtem seu efeito na consciência individual, conforme os indivíduos entram e saem de sintonia em níveis diferentes desse pensamento de massa.

Será que conseguiremos alcançar um entendimento da mente e das emoções uns dos outros a tempo de construir um mundo melhor? Podemos ajustar nossas mágoas e nossas diferenças entre amigos, parentes e companheiros em casa e em outros países? Ou, como Tennyson sugere, terá "a marinha das nações" que adentrar "o imenso azul", fazendo chover "orvalho medonho"?

Por quanto tempo o homem insistirá no pensamento incorreto que leva somente, no fim, à destruição de tudo que ele ama, antes que os tambores da guerra cessem e as bandeiras sejam baixadas, e seja estabelecido "o parlamento do homem, a federação do planeta"?

Essa pergunta será respondida de modo positivo quando um número suficiente de indivíduos perceber que o TNT sacode a terra, tanto para o bem quanto para o mal do homem, dependendo de como é usado.

A força da mente deve, um dia, se equiparar e superar a força do braço!

Pense no que o direcionamento desse poder do TNT, aos canais construtivos, feito por cada ser humano, poderia significar para a humanidade – no passar de um dia para o outro! Todos os problemas seriam resolvidos num instante, invenções para o benefício da humanidade libertariam toda a raça humana de todo tipo de restrição, e um entendimento e uma tolerância verdadeiros passariam a existir. Então cada um se curvaria a essa tarefa em particular, por si mesmo e pelos outros, pois, como diz James Russell Lowell:

> Homem nenhum nasce num mundo
> cujo trabalho não nasceu com ele; sempre há trabalho
> e ferramentas para trabalhar, para quem quiser,
> e abençoadas são as mãos do laboro.

Mãos desocupadas sempre encontram problemas: não há como ser realmente feliz se você não tem um trabalho que vale a pena fazer. Você precisa descobrir o que quer e como conseguir o que quer para ter contentamento e sucesso na vida. Mas é preciso, também, pensar no direito do outro de se expressar livremente e alcançar os desejos que são seus por direito.

Você não está sozinho neste mundo; está aqui para ajudar os outros, tanto quanto para que o ajudem. Você é importante para si mesmo, para seus amigos e entes queridos, sua comunidade, sua nação. O que você faz na vida é importante. O trabalho de todo indivíduo conta no grande esquema das coisas. Nenhum esforço é perdido.

Quando você faz o melhor que pode a cada dia, seja qual for sua responsabilidade ou seu emprego, você está melhorando a si mesmo e as condições ao seu redor.

Sabendo que possui essa força interior, e sabendo como usá-la, você não pode mais perder tempo e energia se preocupando com condições nacionais e internacionais que estão além da sua influência.

Faça sua influência ser sentida onde você mora, e você estará fazendo sua parte e inspirando os outros a fazer a deles.

Lembre-se: cada pensamento, se mantido constante, leva à ação, e ocorrem resultados.

Então tenha este livro sempre à mão. Releia, estude, e releia e estude de novo, sempre que possível.

Pratique, pratique, pratique – um, dois, três! Inspire os outros com sua demonstração diária de pensamento correto. Assim, você estará contribuindo para fazer do mundo em que vive um lugar melhor, mais seguro, mais feliz. E o que sai de você que é bom vai para o mundo todo, também – e encontra afinidade com o pensamento correto de outras pessoas em todo lugar.

No começo, todas as coisas eram boas. O homem, em si, as tornou más. Se você fizer o mal, o mal será feito para você. Se fizer o bem, você receberá o bem em retorno. Você pode ser o que quiser e ter tudo que quiser, contanto que esteja disposto a pagar o preço em tempo, pensamento, esforço e energia. Agora, você tem a chave – coloque-a para funcionar.

Aquele "algo", se for usado bem, é o TNT que sacode a terra. É sua força interior.